中央单位在晋
定点扶贫
案例

山西省扶贫开发办公室 ◇ 编

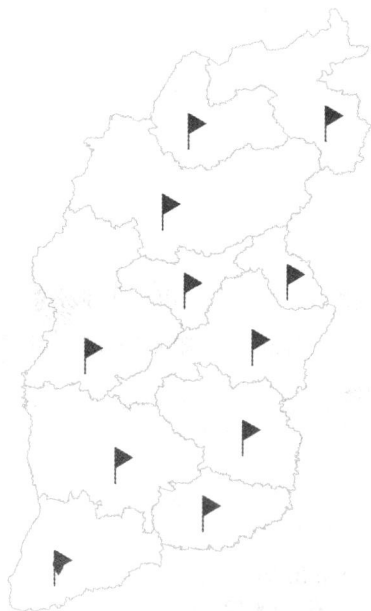

山西出版传媒集团 北岳文艺出版社
BEIYUE LITERATURE & ART PUBLISHING HOUSE

·太原·

图书在版编目(CIP)数据

中央单位在晋定点扶贫案例／山西省扶贫开发办公室编.—太原:北岳文艺出版社,2019.6(2019.10重印)

ISBN 978-7-5378-5935-6

Ⅰ.①中… Ⅱ.①山… Ⅲ.①扶贫－案例－山西 Ⅳ.①F127.25

中国版本图书馆CIP数据核字(2019)第119590号

书名:中央单位在晋定点扶贫案例	策　划:续小强　马　峻	书籍设计:张永文
编者:山西省扶贫开发办公室	责任编辑:马　峻　关志英　吴国蓉	印装监制:巩　璠

出版发行:山西出版传媒集团·北岳文艺出版社

地址:山西省太原市并州南路57号　邮编:030012

电话:0351-5628696(发行部)　0351-5628688(总编室)

传真:0351-5628680

网址:http//www.bywy.com　E-mail:bywycbs@163.com

经销商:新华书店

印刷装订:山西人民印刷有限责任公司

开本:710mm×1000mm　1/16

字数:185千字　印张:13.25

版次:2019年6月第1版

印次:2019年10月山西第2次印刷

书号:ISBN 978-7-5378-5935-6

定价:58.00元

《中央单位在晋定点扶贫案例》编委会名单

主 任

刘志杰

副主任

齐海斌　张玉宏　张建成　龚孟建　张伟勤

成 员

丁志刚　赵小英　宋坤政　马军侠　高耀东　杨晓华

姜晓武　赵俊超　叶明威　赵　刚　李良库　张临阳

李安庆　郭晋萍　张俊彦　郭　洪　樊彩英　李建忠

李长平　李克亮　吕路宽　胡小濛　常家宁　曹　勇

武洪涛　潘晋英　王　磊　贾海涛　阚宝奎　周　峰

徐赐明　温慧贤　董云龙　赵开成　祝　亮　衡中华

王习梅　张　磊　王景贤　张忠文　徐爱民　刘　崟

冯维成　刘伟光

主 编

张玉宏　丁志刚

副主编

叶明威　李丽娟　张鹏耀　李　瑞　许蔚起

成 员

范雷波　陈健雄　李　嵘　孙　浩　王冬梅　万　勇

何　鑫　李　鹏　张　鑫

《中央单位在晋定点扶贫案例》
出版项目部

主　任

续小强

副主任

刘卫红　　古卫红　　贾晋仁　赵　瑞

成　员

马　峻　陈　洋　关志英　吴国蓉　陈学清　贾江涛
韩玉峰　巩　璠　谢　放　庞咏平　曹雨一　薄阳青
刘文飞　王朝军　左树涛　刘思华　鄪宝红　李依潞
史晋鸿　席香妮　张永文

前　言

　　根据中央扶贫开发工作部署，26家中央单位定点帮扶山西省35个国家扶贫开发工作重点县。长期以来，中央在晋定点扶贫单位结合山西及所驻县的实际情况，围绕改善生产生活条件、发展产业、培养人才、劳务输出、消费扶贫等方面，充分发挥协调联系面广、人才资源丰富等优势，强化责任担当，积极主动作为，取得明显成效，有力支持了山西脱贫攻坚工作，为山西打赢打好精准脱贫攻坚战做出了重要贡献。特别是挂职干部扎根基层、心系群众、脚踏实地、艰苦奋斗，卓有成效地开展帮扶工作，涌现出许多先进典型和感人事迹，极大地鼓舞和增强了贫困地区干部群众脱贫致富的信心和勇气，值得全省扶贫干部学习。

　　为真实记录全省脱贫历程，客观反映定点帮扶工作成效，推广借鉴好的帮扶工作经验做法，省扶贫办组织有关方面汇编完成《中央单位在晋定点扶贫案例》。该书凝聚了定点扶贫单位和挂职干部的辛勤汗水，集中反映了中央单位在晋定点扶贫工作取得的成效、特点和路径。26家定点扶贫单位帮扶路径不一、各有特色，有的突出抓党建促脱贫工作，着力加强基层党组织建设，培养"不走的工作队"；有的突出就业扶贫、技能扶贫、劳务输出区域协作等领域帮扶，为贫困群众就业增收架起"致富金桥"；有的突出健康扶贫，积极通过技术指导、现场带教、人员培训、捐赠医疗设备等形式给予支持，着力攻克基本医疗难关；有的突出创新金融扶贫工作方法，设立专项基金，破解定点帮扶工作的资金保障难题；有的突出社会扶贫，积极推进消费扶贫助力群众脱贫增收，增强群众获得感和满意度；有的突出民生改善，把基础设施建设放在重要位置，帮扶贫困地区改变村容村貌……这些都具有可复制、可推广、可借鉴的示范效应，希望能为有关部门和基层干部提供参考和借鉴。

2019年是山西脱贫攻坚决战决胜之年。衷心希望中央在晋定点扶贫单位继续给予大力支持，为山西脱贫攻坚再添一把火、再加一把劲；真诚希望山西各级帮扶单位参考借鉴宝贵经验，加大帮扶力度，提升帮扶实效，共同为谱写新时代中国特色社会主义山西篇章做出新的更大贡献！

山西省扶贫开发办公室

2019年3月

目 录

建强基层"主心骨" 铸造脱贫"推进器"

——中央和国家机关工委定点帮扶宁武县纪实

背景导读

2010年中央组织部将山西省忻州市宁武县定为原中央直属机关工委定点扶贫帮扶县，至今已有8年时间。8年来中央和国家机关工委坚持把精准扶贫当作最为紧迫的工作和最为重大的政治任务，工委领导孟祥锋、侯凯、李勇等同志多次到宁武县实地指导扶贫工作，并先后派出4批挂职干部来宁武县开展帮扶工作。目前工委共有2名干部在宁武县开展具体工作，工委机关服务中心交通处处长李长平同志挂职担任县委常委、副书记，纪检监察工委干部李晨宇同志挂职担任河西村第一书记。在工委领导的密切关注和亲临督导下，在工委机关各部门领导干部的大力支持下，在宁武各条战线干部群众的共同努力下，宁武县党的建设事业蒸蒸日上，"三基建设"取得初步成效，脱贫攻坚成果斐然。

宁武县地处晋西北管涔山北麓，是汾河和桑干河的发源地。由于境内群山林立、沟壑纵横、土少石多、气候寒冷，农业生产条件恶劣，加上耕作方式粗放，农民基本靠天吃饭，往往是"丰年半载粮，灾年没收成"，

中央和国家机关工委分管日常事务的副书记孟祥锋慰问宁武县贫困户

是国家扶贫开发重点县、山西省深度贫困县和忻州市转型综改试点县。

依托宁武县的区位优势，尤其是交通便利、自然资源丰富、旅游资源丰富、风景优美等优势，近年来，县委、县政府坚持以提高发展质量和效益为中心，主动把握经济新常态，全力推动转型发展，县域经济保持了持续向好的发展态势。2018年全县主要经济指标实现历史性突破，1—9月全县地区生产总值完成41.4亿元。2018年以来，宁武县积极践行领袖嘱托，抢抓全省聚焦深度贫困、集中力量攻坚的重大机遇，坚定不移地以脱贫统揽经济社会发展全局，认真贯彻中央、省、市脱贫攻坚的一系列决策部署，遵循市委"3659"脱贫策略和"4433"工作法，大力实施县委"3467"精准脱贫举措，全县脱贫攻坚取得了阶段性成效。全县共有建档立卡贫困村251个，退出103个，现存148个；建档立卡贫困户16908户39900人，已脱贫8458户20390人，未脱贫8450户19510人，贫困发生率由33%下降为16.1%。2018年年底实现贫困村退出75个，脱贫10160人，贫困发生率降到8%以下。

主要做法

一、工委领导高度关注宁武县脱贫攻坚进展情况

工委领导密切关注宁武县党的建设和脱贫攻坚事业，孟祥锋、侯凯、李勇等现任领导和历任工委老领导多次就帮扶宁武县党的建设和脱贫攻坚工作做出重要批示，多次亲临宁武县督导扶贫工作落实情况。中央委员、工委常务副书记孟祥锋，中央纪委常委、工委副书记侯凯和工委副书记李勇先后于2017年9月、12月和2018年11月亲自到宁武县督导定点扶贫工作，对宁武县脱贫攻坚主导产业项目北辛窑"煤电一体化"循环经济园区，华润宁武2×350兆瓦低热值煤发电和宁武县光伏电站运维指挥中心等进行了实地调研。各位领导亲临工委定点帮扶村阳方口镇河西村调研脱贫攻坚工作，慰问村内困难群众，自己掏钱为贫困户送上慰问金。此外，工委领导充分发挥协调督办职能，多次与有关部门沟通，共同促进宁武县医疗、教育、公共安全等方面协调发展，工委办公厅领导同志就煤电、光

中央和国家机关工委副书记李勇调研河西村党建、扶贫工作进展情况

挂职干部,宁武县委常委、副书记李长平与河西村"两委"、扶贫工作队成员共同开垦村委后院耕地

伏、旅游开发、交通等脱贫攻坚产业项目推进情况与国家发改委、能源局、交通运输部、国家林草局等部委进行了沟通,部分产业项目将顺利落地实行。今年,按照工委领导指示,工委机关更是下拨41万元特殊党费,为在河西村建强基层党组织、帮扶困难群众、推动产业发展提供了充足的资金支持。在工委领导和机关干部的坚强领导和有力支持下,河西村干部干事创业之心为之一振。有力确保了河西村全面建成小康社会目标顺利完成。

二、发挥工委优势,促进宁武县党的建设事业蓬勃发展

百姓富不富,关键看支部。中央和国家机关工委的主要职责是推进中央和国家机关党的建设事业,目前工委派出在宁武县工作的两位同志不仅肩负着脱贫攻坚的使命,更是工委委派的党建特派员。两位同志从中央和国家机关的政治站位出发,以身作则,强化"四个意识",以踏实的作风和丰富的党务工作经验,不断提升宁武县党的建设事业迈向新高。一是依托在工委的工作经验,立足实际,带头深入学习贯彻党的十九大精神,推进学习型党组织建设,以习近平新时代中国特色社会主义思想为指导,深入学习习近平总书记关于扶贫开发的重要论述和2017年6月23日在山西考察工作的重要讲话精神,切实要求党员干部不忘初心、牢记使命,切实把思想、行动统一到中央精神上来。二是做好党员干部培训工作,每年在中央、国家机关党校和井冈山干部学院等培训基地为宁武县各级干部开办培训班,为宁武县集中培训党务工作骨干,大力提升干部思想觉悟和工作能力。三是发挥党建带头人作用,创新基层党建工作形式。打造出了"河西村微党课"品牌,并依托重大节庆日,丰富了村党组织党日活动形式。强化学习型支部建设,贯彻"一学二调三锻炼",推动党员干部们有事忙事,无事学习。在工委的帮助下,基层党组织的战斗堡垒作用被不断强化,党员干部们的先锋带头作用逐步彰显,2018年7月,河西村党支部被授予"全县优秀基层党组织"荣誉称号。四是发挥"头雁效应"促进整体提升。2018年8月,李长平同志对全县各乡镇党建工作进行了现场督导检查,尤其对第一书记们党建特派员的职责进行了全方位的深入调研,发现问题现场督促解决。

温暖过冬——在工委挂职干部的联系下,社会人士为河西村困难群众每人捐助羊毛围巾一条

三、立足工委传统，不断推进宁武县脱贫攻坚走向深入

作为中央脱贫攻坚督导部门之一，中央和国家机关工委坚持打铁还需自身硬，要求2位帮扶干部立足县域独特情况，始终坚持把推动精准扶贫、发展集体经济、办好为民实事、提升治理水平，作为当前精准扶贫最为紧迫的工作和最为重大的政治任务。一是深入实地了解掌握老百姓生活、教育、医疗、就业等基本情况，开展了一系列入户调研工作。走村串户，与群众交朋友、认"亲戚"，同吃住、同劳动。二是贯彻各项扶贫政策，依托各项帮扶政策措施，为9位困难群众顺利办理了最低生活保障。三是解决百姓生活当中的实际困难，利用中央和国家机关特殊经费，积极推进"暖冬行动"，在2018年12月初，为河西村60岁以上百姓和贫困户共114户，每户免费赠送医疗急救箱和常备非处方药，活动被山西卫视、忻州卫视等媒体报道，为全县脱贫攻坚形成了良好的风气。积极联系中国红十字会等单位，推进博爱家园项目，为河西村建设应急避难场所，并提升村级卫生室整体水平。四是丰富百姓文化生活，积极联系有关部门和社会

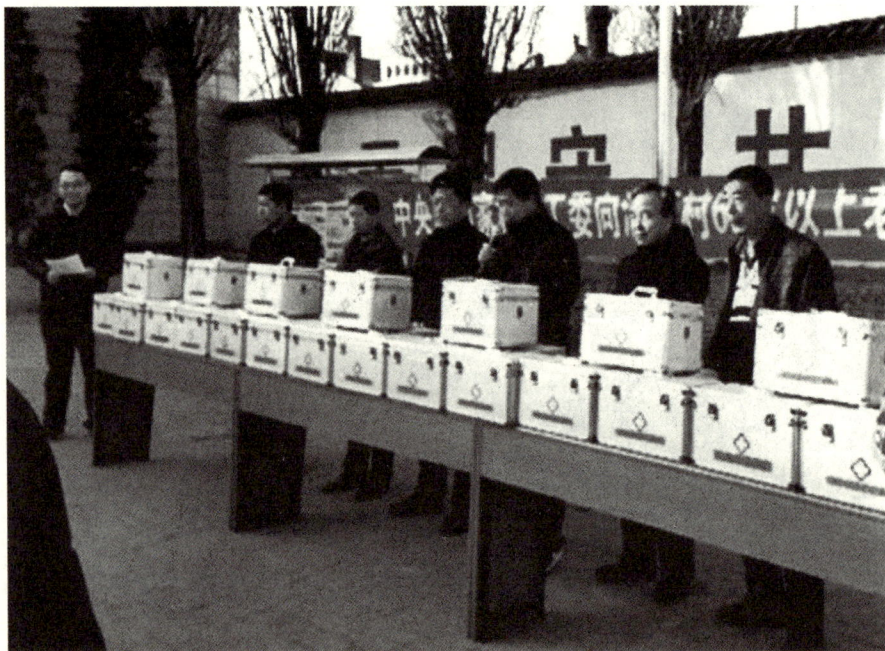

利用特殊党费，为河西村60岁以上老人和困难群众赠送医疗急救箱和常备药品

各界，建立了宁武县图书馆分馆、文体活动场所、河西村红马鞍广场舞水兵舞队，建起了冬天能供暖、夏天能乘凉的百姓活动室，提升百姓文化生活水平。五是促进精神文明与物质文明共同建设，设立以社会主义核心价值观为考核指标的河西红黑榜，主要对自主脱贫、户容户貌、敬老爱老、产业致富、邻里和睦、教养有方等方面表现突出的村民进行表彰，对于违法乱纪、破坏安定团结的现象予以严厉批评。建立扶贫爱心超市、以物易物"供销社"等物品交换平台，建设诚信乡村。六是改善基础设施，积极协助推进村容村貌提升工程，曾经污水横流的臭水沟变成了修葺一新的排洪渠，坑洼不平的黄泥路变成了平整的柏油马路，危及安全的残垣断壁不见了，文化广场和文化墙出现了，群众的生活环境得到了极大改善。

四、立足宁武县实际，推动扶贫产业更好更快发展

宁武县由于受自然环境以及有关政策等因素制约，产业发展相对滞后。在工委对宁武县的全面帮扶工作中，产业帮扶是扶贫工作的基础。2018年以来，在县委、县政府和有关部门的大力支持下，在2位干部的共同努力下，宁武县特别是河西村的产业发展有了新面貌。村级产业发展规划的制定，擘画了未来3年河西村的发展方向，河西村将发展以食用菌种植加工为主的特色产业，目前已动员成立了宁武县泽林源食用菌种植合作社，将在宁武县阳方口镇建设食用菌大棚20个，带动100余人就业。农田基本水利设施建立起来了，为了方便群众农田灌溉和农作物收割，兴修水渠1600米，新建桥梁3座。种植新品种甜玉米50亩，实验种植取得了良好效果。拓宽农产品销售渠道，为协助宁武县建设电商产业平台，积极与公益中国商务电子平台对接，平台现有挂靠农副产品13家、73件，在工委的大力帮扶下宁武县获得了1500万元电商扶贫专项财政资金。积极发挥"头雁效应"，培养技术人才、增加妇女就业，协调全国妇联在宁武县成立了全国巾帼脱贫示范基地，并得到4万元专项财政支持。积极拓展就业渠道，促进"扶贫扶志"，协调国家林业和草原局为宁武县每年拨款400万元增加护林员指标400个，400个家庭将因此脱贫。工委各项措施的积极落地，为宁武县脱贫攻坚和巩固提升打好了基础，也为今后发展打开了思路。

启　示

　　建强基层党组织是打赢脱贫攻坚的根本保障。火车快不快，全靠车头带。就以工委帮扶的河西村为例，以前，村干部们缺想法、缺干劲，全村党支部活动不正常，党员一年到头开不了两次会，各干各的，更不要说带领村民脱贫攻坚了。近年来，在工委帮扶干部的指导和推动下，通过持续不断地强化支部建设，党员们对于党的政策、理论有了更深的认识，党员干部们的积极性上来了，对于河西村的发展也从原先的"等、靠、要"变成了现在的"才思泉涌"。支部组织生活步上了正轨。河西村的党建工作也得到了忻州市有关领导的肯定与表扬。在河西村实现整村脱贫的道路上，更加建强的支部让群众脱贫有了"主心骨"，攻坚有了"领路人"。

　　立足实际情况，做百姓最需要的事情。扶贫工作不是一厢情愿，更不

宁武县首家村级扶贫爱心超市在河西村建成开业

是自我感动，而是需要从当地的实际情况出发，从保障百姓的基本生活入手。工委在帮扶宁武县时，始终心系百姓生活，不论是提升村级医疗卫生水平，还是改善河西村村容村貌以及发展特色种植产业等，都是从百姓的衣食住行等方方面面满足百姓对于美好生活的向往。工委也并没有从"大"从"全"，而是立足宁武煤炭资源丰富、自然风光旖旎的自身优势，从基础设施建设和产业园区建设着手，发挥宁武特色，进行有针对性的帮扶。

　　精神文明要与物质文明一起抓。在脱贫攻坚的路上，不能只顾提高物质生活水平而忽略精神生活建设，要两手抓两手硬。精神的匮乏更容易导致黄、赌、毒等社会恶疾的滋生，在实践中，尤其注意以社会主义核心价值观为导向，依托红黑榜等形式，弘扬正气，传播正能量。以广场舞等活动，丰富百姓日常生活，倡导乐观主义，向上向善。精神生活的丰富，确保了社会的长治久安，为脱贫攻坚，引导经济社会向好发展，奠定了良好的社会基础。

做大做强"天镇保姆"品牌
大力推进贫困地区劳务输出

——人社部定点帮扶天镇县纪实

背景导读

人力资源和社会保障部定点帮扶位于太行山区的国家级深度贫困县——天镇县。部党组高度重视定点扶贫工作,部属各单位充分发挥自身工作职能优势,在就业扶贫、技能扶贫、劳务输出区域协作等领域持续加大帮扶力度,取得扎实成效。

从2012年末开始,结合天镇县大量农村妇女农闲季节无事可干的实际情况,人社部指导当地组织农村富余妇女劳动力经过培训合格后到北京、天津、太原等地从事家政服务,狠抓劳务经济,成功打造"天镇保姆"家政服务品牌。天镇县凭借"天镇保姆",荣获"2015中国十大社会治理创新奖"。在2015年中央单位定点扶贫工作会议上,作为精准扶贫的典型案例,"天镇保姆"受到时任国务院副总理汪洋的高度赞扬。同时,成为媒体关注焦点和社会热议话题,央视《新闻联播》《焦点访谈》等相继进行了报道。几年来,先后组织、动员、培训、输送7000多名农村贫困妇女实现就业，带动近 1.3 万人实现精准脱贫，为农村妇女就业增收架起了一座"致富金桥"，为天镇县的脱贫攻坚和经济社会发展起到了积极推动作用。

不容忽视的是，"天镇保姆"这一品牌的继续发展也遇到了瓶颈，面临着后继无人、培训课时短、课程体系不完备、分级评价体系不健全、受训者技能掌握粗浅、劳务输出组织化程度不高等问题。

人社部针对以上问题，围绕做大、做强"天镇保姆"招牌，提出打造"天镇保姆"升级版，针对性开展了行之有效的工作，取得了良好成效。

主要做法

一、全员上下高度重视协力作为

2018年9月6日至7日，人力资源社会保障部党组书记、部长、扶贫工作领导小组组长张纪南同志带队赴天镇县调研脱贫攻坚工作，专程考察了"天镇保姆"培训基地，了解"天镇保姆"品牌建设情况，充分肯定了天镇县扶贫开发工作取得的成效，特别是发展"天镇保姆"促进扶贫的经验

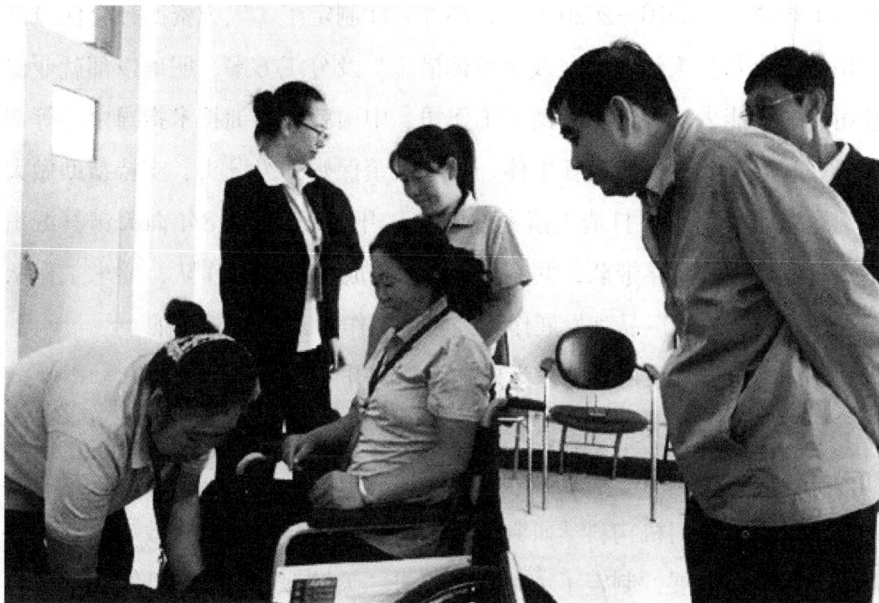

人社部部长张纪南赴"天镇保姆"学校考察

人社部副部长张义珍出席"天镇保姆"北京推介会并致辞

做法。邱小平副部长和张义珍副部长也专程带队赴天镇进行脱贫攻坚调研。人社部专门研究制定了《人力资源社会保障部定点帮扶山西省天镇县脱贫工作规划（2016—2020年)》，部办公厅制定了《人力资源社会保障部2018年定点帮扶天镇县脱贫攻坚具体措施》及分工方案，明确以部就业促进司、职业能力建设司、农民工工作司、中国就业培训技术指导中心等部属机关和事业单位作为责任主体，以"天镇保姆"为龙头，支持帮助做大做强家政服务品牌，打造天镇家政服务"升级版"。2018年向天镇县派出了由2名司局级领导带队，共有6名同志组成的扶贫工作队，要求工作队把帮扶"天镇保姆"品牌发展作为经常性工作和头等大事来抓。

二、指导当地政府主动作为，加强品牌升级行动规划引领

委派相关专业人员对"天镇保姆"培训、就业等情况进行了专项调研和摸底，与当地政府一道精准分析总结品牌发展现状和存在问题，指导当地政府和有关专门机构科学研判未来保姆市场机会，着眼家政、养老等行业中长期供需发展，制定了《天镇县推进"天镇保姆"品牌升级规划实施方案》，形成了以"从临时就业向职业化升级""从保姆服务向高端家政升级""从适应市场向引领市场升级""从脱贫品牌向致富品牌升级"为主体的品牌升级思路，确定了"党建引领""宣传发动""培训支撑""借力发展""权益保障"等重点发力领域和具体工作措施时间表、路线图。"天镇保姆"的未来将扎根天镇、立足大同，走向全国、迈出国门，以"优质服务+政府优质保障"持续驱动品牌升级。

三、指导支持当地改进加强保姆培训工作

一是党建引领。人社部机关党委指导天镇当地政府和培训机构探索开展"以党建促品牌发展"相关工作，出资12万元，在天镇阳光职业培训学校建成保姆党支部活动中心。保姆党员有效发挥先锋模范作用，鼓励保姆向党组织靠拢，党支部成了保姆的精神家园，在凝聚人心、保障权益、开拓市场等多个方面都发挥了积极的作用。二是智力帮扶。就业促进司和中国就业培训技术指导中心协调相关专家指导建立"天镇保姆"中、高级职业能力标准和完善培训课程体系，指导开设中、高级培训班。部属中国劳动和社会保障科学研究院领导两次带队来天镇调研保姆品牌发展，为品牌升级精准把脉，还出资10万元，指导天镇县阳光职业培训学校（"天镇保姆"培训基地）开展"家政服务企业发展模式研究"课题。三是捐资捐物帮助改善培训基础设施条件。农民工工作司向"天镇保姆"两家培训机构

人社部组织召开"天镇保姆"大同推介会

人社部职业能力建设司组织专家赴"天镇保姆"培训基地进行教学指导

捐赠家政培训教材500套；中国人力资源和社会保障出版集团指导编写并免费印刷《"天镇保姆"家政服务指导手册》1000册赠予当地培训机构。中国高级公务员培训中心向阳光保姆培训学校捐赠价值60万元的设施设备。以上措施极大改善了培训基地硬件设施条件。为改善培训机构的师资力量，邀请天镇县家政培训职业学校专职教师参加部里组织的家政服务师资培训班。此外，还牵线搭桥促成本地培训机构与北京等地的优势培训机构开展合作。

四、指导当地提升劳务输出组织化程度和完善服务

2018年9月在天镇县召开了"天镇就业服务和就业扶贫交流暨现场招聘会"，邀请山西吕梁、陕西汉中、江西赣州、江苏泰州、山东临沂等地人社部门就劳务品牌打造、劳务输出、劳务协作等开展交流研讨，对天镇县的相关工作起到有效推动作用。邀请天镇县人社局参与劳务对接工作手册调研和编写工作，及时把各地最好的经验做法传导到当地。驻天镇县扶贫工作队多次召集当地人社局和相关培训机构开展专题研讨，针对提升劳务输出组织化程度提出了意见建议，指导当地人社部门加强就业服务信息化建设。扶贫工作队还积极协调北京、天津等地人社部门，为务工人员免费提供政策咨询、岗位信息、就业指导、职业介绍等服务，依法维护外出务工人员合法权益，鼓励有条件的地区为夫妻同地就业、子女入学等提供便利条件。北京市东城区人力社保局"对口帮扶地区在京务工人员之家"把天镇县在京务工人员一并纳入服务对象范围。

五、面向全国加大品牌宣传推介力度

2018年10月11日，人社部在山西省大同市召开家政服务劳务对接扶贫工作座谈会暨华北五省区市"天镇保姆"推荐会。会上，天镇县人社局与北京、天津、河北、内蒙古和山西五省（区、市）的54户家政服务企业签署了劳务输出协议，现场有200多名"天镇保姆"参加招聘活动，两家培训机构现场做技能培训展示，社会反响良好。12月2日，在北京举办以"党建引领托起劳务品牌，'天镇保姆'助力精准扶贫"为主题的"天镇保姆"品牌推介会，邀请北京市东城区人社局、北京市二商集团等单位参加，就积极共建劳务合作平台、为"天镇保姆"在京务工保驾护航达成高度共识。邀请新华网、搜狐、今日头条等媒体参会并对会议盛况做了报道。会上为"天镇保姆"北京基地"党员之家""妇女之家""会员之家""家政服务中心"举行了揭牌仪式，大同市、天镇县两级党委、政府承诺坚持"优质服务+政府优质保障"的品牌发展思路，在党建、维权、诚信、网络等多个层面为品牌的健康长效发展提供支撑，不断强化品牌的

人社部捐建的"天镇保姆"培训基地党支部活动室

核心竞争力，为京津市场输送更多高素质保姆，带动更多的大同妇女走出大同，走向全国，带动更多的贫困家庭稳步脱贫。中国劳动保障报等部属媒体也及时跟踪报道"天镇保姆"品牌发展建设情况。

启　示

大同市天镇县党委、政府干部群众共同努力，在人社部近6年来的全方位帮扶下，围绕以保姆为重点的家政服务发展特色劳务经济，正视品牌发展过程中遇到的困难和问题，坚持目标导向和问题导向，持续精准发力打造"天镇保姆"升级版，走出了一条精准扶贫、精准脱贫的好路子。未来，人社部将一如既往发挥职能优势，与当地一道，不断强化"天镇保姆"品牌核心竞争力，带动更多的大同妇女走出大同，走向全国，带动更多的贫困家庭稳步脱贫致富。

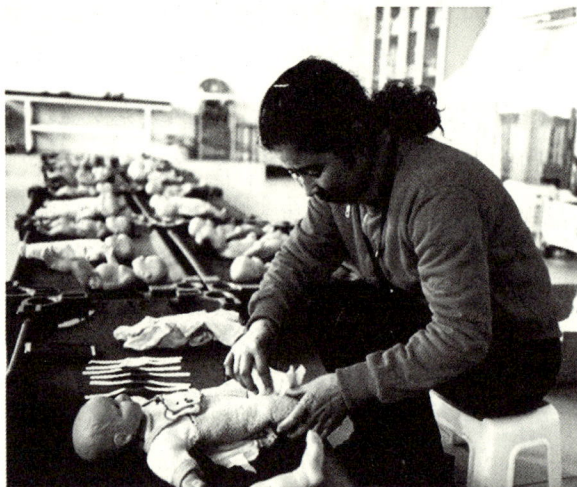

保姆学员使用人社部捐赠的教具参加母婴护理实操考试

文旅融合发展 助力脱贫攻坚

——文化和旅游部2018年定点帮扶娄烦县、静乐县纪实

背景导读

娄烦县地处太原市西北部、吕梁山腹地、汾河中上游，距太原76公里，东邻古交市，南毗交城县，西接方山县，西北与岚县相衔，东北部与静乐县接壤。娄烦原是一个古老民族或部落的名称，春秋战国时有"楼烦国"，后演变为地域概念，成为历史上郡、县、乡的名称。1971年建县后属吕梁地区，1972年4月改属太原市至今。山西省最大的水库汾河水库在娄烦，山西党团组织创始人高君宇同志诞生于娄烦，是集山区、老区、库区为一体的国家扶贫开发重点县，也是省城太原重要的水源地和生态屏障。全县总面积1289平方公里，有8个乡镇、142个行政村，总人口12.6万，其中农业人口9.8万。有建档立卡贫困村119个，建档立卡贫困户12436户38156人。通过全县上下不懈努力，截至2018年贫困发生率下降到0.8%，累计有117个贫困村退出，12143户37362人脱贫，顺利通过了第三方评估验收，有望如期退出"摘帽"。

静乐县地处晋西北黄土高原、汾河上游，面积2058平方公里，辖4镇

在静乐县举办精准扶贫文化旅游招商对接活动

10乡1个居民办、369个行政村，总人口16.2万，其中农业人口13.8万，是国家扶贫开发重点县，也是全省10个深度贫困县之一。近年来，在中央、省、市各级扶贫工作队的全力帮扶下，各项工作取得了显著成效，先后荣获全国社会管理综合治理先进集体，全省县域经济发展争先进位奖和农民增收先进县，全市重点工程工作先进县、工业经济目标完成优秀县和安全工作优秀县等多项殊荣。创造性地完成了国家卫生县城、国家园林县城创建工作。在完成省级文明城市创建后，被中央文明办确定为"2018—2020年创建周期全国文明城市提名县城"。2016年被中央电视台品牌影响力栏目组评为"中国最美特色旅游目的地"。全县建档立卡初期共有贫困村192个、贫困人口46708人，贫困发生率33.8%。其中深度贫困村48个，深度贫困人口2182人。目前共退出贫困村154个，减少贫困人口37848人，全县脱贫攻坚工作取得了阶段性成效，现仍有38个贫困村、8860名贫困人口，贫困发生率6.4%。

主要做法

文化和旅游部自1995年定点帮扶娄烦、静乐以来，先后派出23批工作队、56名干部开展扶贫挂职工作，23年来积极投入人力、物力、财力，通过一系列具体实在的举措，有力推动了两县脱贫攻坚进程，也激发了老区人民居弱图强、后发争先的发展信念。2018年，在脱贫攻坚进入最后攻坚阶段的新形势下，文化和旅游部深入贯彻十九大精神和习近平总书记视察山西时发表的攻坚深度贫困重要讲话精神，按照党中央、国务院的决策部署，把握新形势、适应新要求，扎实高效推进定点扶贫工作。全年先后共有部党组成员3人，司级领导23人，处级干部53人，企业代表、专家人员65人，到两县围绕定点扶贫进行调研指导。并利用文化部与国家旅游局合并组建文化和旅游部的历史契机，积极开展旅游项目对接工作，大力推动静乐县文化和旅游融合发展，极大地增强了帮扶的精准度，吹响了文旅发展助力脱贫攻坚的集结号。

在静乐县举办2018年度"文化深植　艺术生根"文化精准扶贫系列培训

静乐县"文化深植　艺术生根"文化精准扶贫系列培训之声乐培训

一、文化旅游扶贫对接活动为娄烦、静乐文化旅游融合发展吹响号角

2018年7月23日、24日，文化和旅游部分别在娄烦、静乐两县举办文化旅游扶贫对接活动，文化和旅游部党组副书记、副部长李金早及省市相关领导出席活动。活动中，中国国旅股份有限公司发布了娄烦、静乐乡村旅游线路，携程网线上扶贫专区正式启动，中国农业银行山西省分行发布了针对两县的《生态旅游扶贫综合金融服务方案》，四川省旅游学校、桂林旅游学院与两县签署了校地合作协议，北京大学、清华大学、中国科学院、北京联合大学等高校专家被聘为两县的文化旅游发展顾问，中景信旅游投资开发集团有限公司与两县签署文化旅游帮扶计划书，绿维文旅控股集团发布了两县的文化旅游招商宣传册，北京时之尚广告有限责任公司捐赠皮卡车12辆……期间，还进一步考察了娄烦、静乐县域旅游资源、重点旅游项目，正式启动对接帮扶。

此次活动为文化旅游精准扶贫新征程吹响了号角，由此发端，开始在两县强化推行一揽子具有文化和旅游特色的精准扶贫措施，具体采取旅行社带贫困村、景区和自驾车营地带贫困村、宾馆带贫困村、农家乐带贫困户、公司带贫困户、合作社带贫困户、非遗项目带贫困户、送扶志戏下乡等措施；进一步指导两县下大气力发展乡村文化、乡村旅游，加快文旅产品开发、推进基础设施建设、抓好市场宣传营销、完善优化体制机制；继续加大文化和旅游部集中帮扶支持，帮助编制旅游规划、加大项目资金支持、开展专题业务培训、搭建招商引资平台。这一系列帮扶措施必将助推两县文化旅游产业提档升级，在助力精准脱贫、打造文化旅游强县、推动区域经济社会更好更快发展中发挥积极的引领作用。

二、密集开展文化和旅游人才培训，为文旅融合发展助力脱贫攻坚培养人才队伍

人才是打赢脱贫攻坚战的关键因素，是推进精准扶贫、精准脱贫的引领力量。2018年，文化和旅游部下大力气在两县文化和旅游人才培养上做文章。5月7日至6月2日，非物质文化遗产（静乐剪纸）传承人培训班在中央美术学院举办，40余位剪纸传承人参加了培训，这是文化和旅游部首次组织剪纸人才在中国美术的最高学府开展长时间、不间断、大规模的专项培训，对恢复与发展当地剪纸技艺起到了重要作用，为今后在非遗扶贫方面持续发力打下了坚实基础。为落实文化和旅游部"精准文化扶贫"和

非物质文化遗产（静乐剪纸）传承人培训班在中央美术学院举办

在娄烦县举办快速声乐、舞蹈培训，为乡土文化升级注入活力

"振兴传统工艺"相关工作要求，6月20日至24日，非物质文化遗产管理干部培训班在北京举办，来自忻州14个区县市的100名文化管理干部参加了培训，对促进当地非物质文化遗产可持续发展，在脱贫攻坚工作中发挥更大作用夯实了人才基础。2018年下半年，由文化和旅游部出资举办的文化精准扶贫系列培训在娄烦、静乐两县分别展开，培训历时2个多月，内容涵盖了声乐合唱、舞蹈、京剧、舞台音响、摄影摄像及后期制作等多个文艺门类，培训人员包括教师、学生、文艺工作者、老干部、艺术培训机构从业者、文艺爱好者等1500余人，使他们的艺术修养和专业水平得到了较大提升，更重要的是达到了"种文化"的目的，进一步提升了两县民众打赢脱贫攻坚战的信心和决心。两县全年还参加了文化和旅游部举办的2018年乡村旅游扶贫重点村村干部培训班、2018年贫困地区旅游扶贫培训班、第十二期全国文化系统青年公务员培训班、全国基层文化志愿者培训班、2018年处级领导干部培训班、桂林旅游学院—娄烦旅游培训班、四川省旅游学校—静乐旅游培训班等十余个培训项目，参训的处（科）级干部、乡村干部、第一书记、致富带头人、文化和旅游从业人员等达到500

人次，使人才发展与脱贫攻坚深度融合。此外，两县全年有组织或自发到故宫博物院、恭王府博物馆、国家博物馆等地参观践学，累计600余人次。2018年培训工作的密集开展，为两县文旅融合发展助力脱贫攻坚培养了一批人才骨干。

三、传承发展中华优秀传统文化，打造"非遗+扶贫"的扶贫新模式

2018年，依托文化和旅游部恭王府博物馆驻山西忻州（静乐）传统工艺工作站，在文化扶贫、优秀传统文化传承等方面开展了大量富有成效的工作。一方面通过"走出去"打造文化品牌、盈利增收。9月13日至17日，忻州及静乐带着多项非遗项目参加了第五届中国非物质文化遗产博览会。国家级非遗项目静乐剪纸100余件参加了在山东济南主会场的展出，在潍坊分会场500平方米的忻州非遗展示馆内，12个参展单位的29个非遗项目与观众见面。这次"走出去"，宣传展示了当地丰富多彩的非物质文化遗产和文化建设成果；采取"景区+扶贫"模式，为忻州、静乐在恭王府景区内的中华传统技艺精品长廊常设6个非遗精华展销区，重点对剪纸、刺绣、布艺、面塑、银器等非遗手工产品进行展销推介，并授权免费使用"福"字及恭王府商标，以恭王府为阵地，利用5A级景区的旺盛人气，销售非遗及农特产品，销售收入近60万元，带动1500户贫困户脱

在娄烦县举办舞蹈培训

023

贫。使家乡贫困姐妹们"守着娃，绣着花，养活自己又养家"，让贫困地区的劳动妇女走出锅台、走向北京，让她们的好手艺在恭王府"变现"，家庭脱贫的步伐"加速"。另一方面通过"请进来"助力文创开发，2018年初，工作站启动了"高校驻站调研计划""设计师驻站调研计划""文创企业驻站调研计划"，来自中央美术学院、北京建筑大学、中国社会科学院等院校的百名师生走进当地，开展相关非遗项目的设计研发工作。山西灌木文化集团与静乐县剪纸艺人辛翠平签约，开发出了以静乐剪纸为素材的儿童绘本等，为传统技艺找寻市场，扶持手工艺发展。10月20日，工作站与中共静乐县委、县政府共同启动静乐土豆宴传统烹饪技艺项目，助力当地群众脱贫致富。娄烦县邀请陕西剪纸非遗传承人和山东临沂手工编织传承人开展剪纸艺术、编制（线）艺术培训、交流活动，为当地培养了80名手工艺骨干学员，有力促进了贫困地区手工业发展，同时起到了扶贫与扶志及扶智的有效融合。通过"非遗+扶贫"模式的推广，不仅让群众增收脱贫，也能让优秀传统文化得到弘扬和传承，同时扶持培养了当地的文化人才，探索出了一条文化扶贫的新路子。

启　示

　　文化和旅游部在定点帮扶工作中始终坚持发挥单位、行业优势并立足与当地实际相结合，积极创新帮扶举措。2018年，利用文化部和国家旅游局合并的历史契机，充分利用文化和旅游扶贫工作的独特优势，让"诗和远方"在助力脱贫攻坚的道路上发挥出更大的活力和生机。

　　旅游扶贫具有参与面广、扶贫效果快、返贫率低等优势特点，在短期内可以促进贫困人口实现脱贫致富，从长期来看则可以实现扶贫开发持续发展。而文化就是现代旅游的灵魂和核心。通过文化和旅游扶贫工作能够发挥励民作用，增强贫困群众脱贫动力；能够发挥惠民作用，提高贫困群众脱贫能力；能够发挥富民作用，推动贫困地区产业发展；能够发挥安民作用，维护贫困地区民族团结。

文化和旅游部沿着文化与旅游融合发展的方向开展定点扶贫工作，全力推进旅游开发项目对接落实，支持当地乡村旅游及重点旅游景区的规划与开发；充分利用当地丰富的文化资源，打造"非遗+扶贫"的新模式，深入开发文创产品、增加文化内涵、提升文化吸引力；按照"送文化+种文化"，扶贫与扶智及扶志相结合的思路大力培养文化旅游人才。各方面都取得了丰硕成果。通过积极地实践与探索，文化和旅游产业的综合协调发展机制将进一步得到健全和完善，进而取得"1+1>2"的效果。

多措并举助力脱贫攻坚

——国家卫生健康委员会定点帮扶大宁县、永和县纪实

背景导读

为深入贯彻落实党中央关于扶贫工作的重要战略部署，国家卫生健康委自2015年开始定点帮扶山西省大宁县和永和县，国家卫生健康委党组高度重视定点扶贫工作，把帮扶定点扶贫县脱贫"摘帽"作为一项重要的政治任务，要求举全委之力做好。2015年以来，国家卫生健康委不断加大帮扶力度，创新工作方式，细化工作举措，完善工作机制，落实帮扶责任，与大宁县和永和县党委政府形成合力，推进脱贫攻坚工作取得显著成效。

大宁县，隶属于山西省临汾市，位于山西省吕梁山南端，辖区总面积967平方公里。大宁县辖2镇4乡：昕水镇、曲峨镇，太德乡、三多乡、徐家垛乡、太古乡。大宁县共有行政村84个，贫困村80个，非贫困村4个，总人口6.4万人。截至2018年上半年，还有在册贫困村39个，建档立卡贫困户共计7727户18651人。2019年底将高标准高质量完成脱贫"摘帽"。

永和县，隶属于山西省临汾市，地处吕梁山脉南端，黄河中游晋陕大峡谷东岸，临汾市西北边缘。县境总面积1219平方公里。县辖2个镇5个

国家卫生健康委主任马晓伟、时任山西省副省长曲孝丽一行到大宁县道教村调研

乡，79个行政村，贫困村78个，非贫困村1个，农业人口53004人。截至2018年上半年，还有在册贫困村50个，建档立卡贫困户共计7099户，20094人；2018年底，有在册贫困户3560户，9473人；脱贫户3539户10627人，贫困发生率17.87%。2019年底将实现脱贫"摘帽"。

主要做法

一、设立专项基金，破解资金保障难题

大宁县和永和县同属吕梁片区山区县，两县地理位置相近，贫困人口多，贫困程度深，基础设施差，财政收入低，教育发展落后，医疗卫生基础薄弱，基础条件急需改善。针对以上问题，国家卫生健康委积极谋划，通过设立专项基金的方式，破解定点帮扶工作的资金保障难题。

2015年，国家卫生健康委与中国人口福利基金会合作设立健康暖心扶贫专项基金，资金主要来源于国家卫生健康委预算管理医院捐赠。自专项基金成立以来，共拨付资金1760万元，用于大宁县和永和县开展健康暖心

国家卫生健康委主任马晓伟调研永和县"吕梁山货"电商运营中心

工程。为两县新增医疗器械，改善医院的医疗环境，缓解医院医疗设备落后的困境，完善乡镇卫生院及村卫生室医疗设施。解决贫困学生上学困难的问题，保证家庭困难的学生不因贫困而辍学。卫健委及相关社会力量还分别实施了不同侧重的村医帮扶项目，通过提供多种方式培训、为村医提供人身意外伤害保险和村卫生室完善设施设备，为大宁县和永和县打造了坚实的村级医疗卫生服务堡垒。

二、发挥行业优势，创新扶贫模式

一是打造"5+N"健康扶贫模式。针对深度贫困地区人才匮乏的实际情况，通过卫健委与各级政府部门积极协调，北京大学第一医院、山西大医院、山西省心血管病医院、山西省中医院、山西省疾病预防控制中心、山西省卫生计生委卫生监督所、山西省妇幼保健院分别与大宁县和永和县主要医疗卫生机构签署对口帮扶协议，制定了对口帮扶方案，实现了从预防、医疗到监督省级对口帮扶县级卫生计生机构全覆盖。通过采取派遣专家进行技术指导、现场带教、人员培训、长期驻地帮扶、捐赠医疗设备等各种形式的支持，加强人力资源建设，强化医疗资源配置，弥补贫困地区短板，切实提高大宁县和永和县医疗机构的服务质量、服务能力和服务水平。"N"即指社会资源，通过卫健委扶贫办安排和积极开发各方面资源，山西医科大学、中日友好医院、中国疾控中心、中国人口宣教中心、中国扶贫开发协会、尤迈基金会、微医集团、华润医药等十几个机构、高校、社会团体、企业均对大宁县和永和县脱贫攻坚工作给予了支持帮助，涉及宣传教育、人才培养、信息化建设、远程医疗会诊、医疗设备、康复设备、健康促进、乡村振兴等各个方面。通过打造"5+N"健康扶贫模式，整合各方优势，形成合力，推动大宁县和永和县加快脱贫攻坚进程。

二是支持新医院配置医疗设备。永和县新医院建设已经完工，但配置医疗设备资金不足，导致新医院不能如期投入使用。挂职干部积极协调中国扶贫开发协会，通过捐赠、PPP等方式，最大限度减免新医院购置医疗设备和医疗信息化建设费用，同时，国家卫健委按照填平补齐原则，立足当前需求和长远发展，为永和县新医院配置大型医疗设备，总体将为永和县节省资金5000多万元。

三是开展卫生健康人才培训。2017年，国家卫生计生委监督中心、医

临汾市挂职副市长、永和县委挂职副书记胡小瀠和贫困户一起收玉米

大宁县道教村第一书记李孟涛帮扶村民发展甜瓜脱贫致富

管中心在临汾举办培训班。2018年，监督中心又在临汾举办监督执法培训班，累计培训600余人次。大宁县和永和县疾病预防控制中心、卫生监督所、医疗集团等机构通过对口帮扶机构，已经派出100余人赴成都、太原、运城、苏州等地外出交流学习。

四是广泛动员社会资源支持。2018年，中日友好医院、北京大学第一医院、华中科技大学同济医院、山西医科大学第二医院等10余家国家、省、市、县医院100余名专家先后在大宁县和永和县开展10余次巡诊义诊活动。卫健委食品司启动营养健康扶贫行动，为大宁县和永和县孕产妇、老年人等重点人群免费发放营养品，价值400万元。协调北京尤迈慈善基金会与永和县医疗集团签署"尤迈健康扶贫"战略合作协议，组织协和医院专家免费为永和县"因病致贫、因病返贫"群众开展"视频会诊"，截至目前会诊病人235人次，培训医务人员达1400余人次。联系盖茨基金会，计划5年为永和县投入380万元用于农村初级卫生保健工作。促成国家心血管防治中心对口帮扶永和县，每年永和县选送业务人员赴该中心交流学习，中心专家赴永和县进行指导培训。安排卫健委国际交流中心"健康快车"项目走进临汾，免费治疗临汾市（包括大宁县和永和县）1100余名白内障患者，并且为临汾市捐赠100余万元医疗设备、进行人员培训。

三、统筹协调资源，加快推进脱贫攻坚工作

一是创新开展党建扶贫工作。协调卫健委机关司局和直属联系单位党组织为坡头乡孙家庄村、交口乡义合村、桑壁镇兴义村修建党建广场提供支持。安排"健康暖心"资金为坡头乡34个自然村免费安装太阳能路灯，解决全乡5000余人工作生活不安全、不方便的民生问题。为芝河镇城关移民小区、坡头乡移民搬迁安置点安装太阳能路灯。拨付专项党费37.8万元，支持卫健委驻村第一书记在大宁县曲峨镇道教村建设党建文化活动广场，打造集党员教育、党建宣传和村民休闲、文化、娱乐、健身于一体的集中活动场所。研究制定《党建扶贫工作方案》，组织机关司局党组织、直属和联系单位党组织联合组成23个党建帮扶团队，一对一结对帮扶定点扶贫县23个贫困村。紧紧围绕提高基层党组织脱贫致富能力、开展健康扶贫、鼓励创新创业、扶贫济困等方面，积极开展工作，发挥各级党组织和广大党员的示范带头作用，引导群众转变观念，激发脱贫致富内生动力，以党建带扶贫、以扶贫促党建。受到群众普遍欢迎和好评。

二是支持发展产业扶贫。对坡头乡孙家庄葡萄基地灌溉项目、粮食烘干场建设项目，南庄乡郭家村修建小型冷库等项目予以支持；卫健委挂职干部多次为永和槐花、核桃、红枣、苹果等产品进行推介；2018年8月卫健委挂职干部在北京参加了"山西小米"推介座谈会，为永和小米进行推介。按照大宁县政府提出的帮扶需求，在卫健委扶贫办的大力支持下，协调国家中医药管理局、山西中医药大学等相关单位，帮助大宁医药产业发展进行顶层设计并制订中长期规划。该项目是深入贯彻《中共中央国务院关于打赢脱贫攻坚战三年行动的指导意见》精神，实现中药材种植、初加工，中成药生产和销售于一体的一二三产业高度融合的具体实践，是推动产业扶贫、就业扶贫的新思路、新模式。另外，计划2019年启动避孕套生产项目，为此卫健委扶贫办已进行前期帮扶协调工作。同时，积极探索电商扶贫模式，打造大宁有机农产品品牌。

国家卫健委提供党建经费支持建成道教村党建文化活动广场

三是实施精准教育扶贫项目。邀请多位专家到永和开展相关培训；筹资为两所幼儿园捐建圆梦书屋；联系中日友好医院为永和县城关第二小学捐建一所七彩小屋；协调疾控中心为200名贫困学生捐赠圆梦礼物；联系国家图书馆为永和县捐赠4万余册图书和60台电脑；联系中国下一代教育基金会捐赠价值48万元的数字课堂教学系统；促成辽宁盘锦士林置业与永和县、大宁县签订帮扶协议书，期限5年，每年资助100个建档立卡贫困户小学生；每年免费组织2个县50名基层优秀教师交流、考察；臻慈精准扶贫基金为临汾市捐赠小博士阅读室17间，价值170万元；上海复宏汉霖生物技术股份有限公司为该校捐赠书包和书签。

四是积极推销农特产品。2015年以来，多位中央单位驻晋挂职干部联合开展了"吕梁山货"网上展销、县长代言推荐、年货节、中央单位大宗采购等活动，逐步形成了"吕梁山货"区域公共品牌和联合运营机制。"吕梁山货"模式突破了贫困地区农产品在生产加工环节商品化程度低、在流通环节组织化程度低、缺乏营销人才和市场竞争力等瓶颈问题，累计带动吕梁山片区农特产品销售超亿元，被列为山西省政府重点推荐区域品牌。

五是社会各界捐赠项目。2018年，中国扶贫开发协会联合中扶双创（北京）网络股份有限公司为临汾市捐赠净水器3000台、太阳能路灯3000盏、医用机器人5台，捐赠物资总价值2220万元；9月促成中国医药卫生事业发展基金会、中国生命关怀协会、中国初级卫生保健基金会、微医集团等5家单位，向山西省临汾市医疗机构捐赠价值2600万元的医疗设备；湖南乾康科技有限公司等机构、企业共捐赠500万元医疗设备；2018年10月上海复宏汉霖生物技术股份有限公司为永和县捐赠10万元善款用于采购医疗设备，为永和县捐赠乡村医生意外保险单，有效推动了永和县医疗卫生事业发展。

启　示

一、坚持"输血"与"造血"并重

针对两县贫困范围广、贫困程度深、产业基础差、集体经济底子薄的特点，卫健委领导多次深入两县实地调研，精选帮扶项目，充分论证帮扶项目的可行性，制定适合两县实际情况的帮扶措施，要想将这些帮扶措施落实到位，首先就要破解资金难题。国家卫生健康委加大"健康暖心"基金筹集力度，2019年已为大宁县和永和县分别拨付800万元，将支持范围扩大至脱贫攻坚各个方面。突破创新，加大支持定点扶贫县产业发展力度，研究制订"一县一产业"精准帮扶方案，扶持大宁县中医药、永和县农村电商等产业发展。推进"吕梁山货"消费扶贫、"吕梁山护工"就业扶贫等项目，扎实开展党建扶贫。

二、突出"两不愁、三保障"这个重点

结合实际，以"两不愁、三保障"为底线目标，抓突出问题和重点环节，全力补齐定点扶贫县脱贫攻坚短板。聚焦因病致贫返贫、接近贫困线等重点人群，采取更加精准和超常规措施，指导定点县因人因户施策，确

"吕梁山货"扶贫活动暨中央单位大宗采购对接会在北京召开

保如期实现脱贫。

三、抓住督促落实主体责任这个关键

督促定点扶贫县党委政府落实脱贫攻坚主体责任，派驻前方工作组，全面掌握定点扶贫县各类帮扶需求，列出帮扶任务清单，实行销账式管理。建立卫健委与省、市政府及有关部门沟通协作机制，统筹各方帮扶资源，定期研究谋划脱贫攻坚重大政策、项目。充分发挥对口联系机制和挂职干部作用，促进形成攻坚合力，保障脱贫成效。

多措并举，精准扶贫再加力

——国家应急管理部定点帮扶广灵县纪实

背景导读

为深入贯彻落实习近平总书记关于打赢脱贫攻坚战重要指示精神和党的十九大关于打赢脱贫攻坚战的战略指导精神，在广灵县委、县政府的正确领导下，始终坚持以习近平新时代中国特色社会主义思想为指导，坚持精准扶贫方略，针对贫困县的需求与制约因素，紧盯新时期下最能够带动经济发展、促进脱贫攻坚事业进程的重点工作，抓住"精准聚焦发力重点，搭乘电商扶贫快车，打开招商引资大门"的"点、线、面"扶贫模式，编织广灵经济"造血"大地毯，拓宽发展新思路，探索发掘新动能，不断推进广灵县经济社会全面发展。

主要做法

一、精准聚焦发力重点，对口开展专项扶贫

1.因地制宜发展农业，精准实施产业扶贫。应急部驻广灵扶贫工作队

考察金珠满江农业有限公司及其蘑菇生产基地，洽谈投资发展相关事宜

与县政府确定并实施了精准扶贫产业园区项目，该项目本着"依托企业，创优增效，规模发展，就业扶贫"的中心思想，由"企业+基地+农户"的经营模式逐步向田园综合体转变，进一步优化产业结构，增加园区经济效益，带动和促进更多建档立卡贫困户脱贫。项目建设共分三期进行，共投资800万元，用于培育扶持项目发展，项目全部完工进入运营后，园区总预期收入为每年140万元。按照资产收益协议，作疃乡平城南堡村和曹窑村建档立卡210户村民每年均可获得资产收益股份分红，实现脱贫致富，每年雇用临时工100余人，其中建档立卡贫困户近50人，通过用工提高农民个人经济收入，能够较好地完成脱贫攻坚目标任务，带领当地贫困户全面实现小康。同时依托几年来积累的经验，帮助百疃西堡村经营蔬菜大棚50个，实现规模化经营管理，辐射带动周边百姓受益，带动作疃乡蔬菜种植产业发展。

2.充分发挥资源优势，积极开展医疗扶贫。为进一步拓展扶贫广度，对于农村群众的医疗需求，有针对性地邀请应急管理部应急总医院儿科、心内科、呼吸科、神经内科、妇产科、普外科以及骨科等专家医师，到广灵县多个乡镇开展下乡义诊活动，现场接受群众咨询，给出了医疗建议，对行动不便的贫困户进行上门走访义诊，累计义诊农村百姓300余人，发放1万余元的医疗药品。

3.协调部门联合行动，高效推进水利扶贫。应急部领导多次到广灵调研，具体了解全县脱贫攻坚及水利建设过程中遇到的情况。经协调水利部和山西省水利部门，2018年度安排资金4674.42万元，用于加强广灵水利基础设施建设。

4."以买代帮"直接采购，倡导发动消费扶贫。组织发动应急部机关各司局和直属事业单位，积极购买了广灵县83.697万元的农产品，通过"以买代帮"的消费扶贫新模式，立竿见影地促进当地农民增收，带动了企业、园区的生产和运转效率，助力全县经济发展。

5.搭建院县合作平台，创新人才共育模式。积极联系应急管理部所属华北科技学院、中国煤矿安全技术培训中心，努力搭建广灵县与学院、培训中心合作平台。2018年共组织专题培训4次，邀请中央党校、新华社、北京知名高校专家教授，对200余名基层干部及创业致富带头人专题培训了习近平总书记系列重要讲话、党的十九大重要精神、领导方法和领导艺术、新闻发布、舆情应对、党性修

应急管理部援建的广灵精准扶贫园区

帮扶建设的蔬冷棚

养、行政执法规范化、安全责任意识等课程，增强广灵干部全面发展意识和精准扶贫的能力和水平。

二、搭乘电商扶贫快线，紧跟时代发展趋势

电商扶贫作为一种新型的专线扶贫模式，通过为当地农产品提供稳定、可靠、优质的销售，达到增收、脱贫甚至致富的愿景，为此积极探索建立电商对贫困村、贫困人口的带动机制，深入开展了电商扶贫工作，有效推动脱贫攻坚进程。

1. 制定相关政策，保障工作开展。帮助制定了《广灵县鼓励和支持电子商务发展若干意见》《广灵县电子商务市场秩序管理办法》等相关文件，推进电商工作顺利开展，并成功申报"电子商务进农村示范县"项目。

2. 积极开展培训，发掘电商人才。帮助开展了"供销e家农芯乐广灵县电商培训""广灵县中小企业电商培育""科普进基层、电商助脱贫"培训，2018年累计培训3100余人次，挖掘培育电商带头人30名，有效营造了全县电商氛围和电商应用水平，提高了贫困人口就业创业能力。

3. 对接电商巨头，发挥平台优势。帮助对接大平台、大企业，开展多种促销活动。通过与京东集团、苏宁易购、校友嘉（北京）文化发展股份有限公司签订电商精准扶贫战略合作协议，推进电商发展，建设广灵县苏宁易购电商扶贫实训店，与中国网库集团签订了中国苦荞产业电子商务基地共建协议，使中国网库落户广灵。帮助有电商相关技能的建档立卡户就业，人均月收入增加1500元以上。通过开展"2018年中庆""双11"电商促销、大同好粮电商网购节——"单日单品过万单"网络营销等活动，实现网络销售达373.21万元，为广灵县特色农副产品打通了上行通道，有力推动了脱贫攻坚进程。

三、打开招商引资大门，全面引进优质产业

紧紧抓住全国招商引资热潮，重点面向环渤海经济圈、中西部、雄安新区、长三角经济圈、珠三角经济圈，呈覆盖式大力度招商引资。

1. 推进投资8亿元的大北农生猪养殖及饲料加工项目。县政府与投资方已签订项目合作框架协议，本地公司已注册，项目已立项。该项目为养殖与饲料加工性质，能够最大限度与农民农村的特性相结合，进一步采用

依托应急总医院深入乡村开展健康扶贫

挂职干部与广灵县主要领导考察京东集团总部，并签署电商精准扶贫战略合作协议

"企业+农户"的模式，提高群众参与度，动员建档立卡贫困户参与产业发展，共享产业收益，采用多元化方式，使建档立卡贫困户增收致富。

2.推进投资1.15亿元的钕铁硼永磁产品生产加工项目开工。目前该项目已经取得立项文件和土地规划手续，并完成了厂区基础工程建设。项目优先吸收当地建档立卡户务工，最大程度解决当地扶贫户就业，为群众实现劳动增收，提高收入水平。

3.探索供应链扶贫新模式。与金珠满江集团合作，在北京开办"搜菇购·广灵县名优特产品扶贫专卖店"智能超市；推动广灵农产品品牌"白老大"与"超市发"达成供货协议。

4.积极推动捐资捐赠。积极联系北京市朝阳区税务局联合党委、大业传媒、华戏文化等7家企业及协会为宋窑小学捐助科学实验箱等文体用品300余件，20余万元；艺术家采风所作字画作品，通过拍卖所得预计30万元全部捐与宋窑小学用于精准扶贫；中国节能集团捐资5万元用于改善校园道路建设。《北京商报》与广灵县签订精准扶贫框架协议。

启 示

首先，扶贫是系统工程，需要四方布阵、齐抓共管，需要当地政府和帮扶单位形成合力，通过推进产业扶贫、教育扶贫、健康扶贫、金融扶贫、生态扶贫、电商扶贫、光伏扶贫协同发展，方能取得良好脱贫效果。

其次，要发挥产业扶贫的主导作用，产业扶贫是帮助建档立卡贫困户脱贫致富的突破口，也是确保贫困户脱贫不返贫的最有效方法，是解决生存和发展的根本手段，是脱贫的必由之路。没有产业发展带动，很难脱贫；缺乏产业支撑的脱贫，也难以持续。要因地制宜大力发展产业，不断创新完善机制，实现精准扶贫。

再次，要紧跟时代发展趋势，积极搭乘电商扶贫快线，将电商扶贫打造成脱贫攻坚新引擎。

最后，要强化招商引资对脱贫的促进作用，推进精准招商、精准扶贫，努力引进一批优强企业助推本地脱贫增收，同时要从注重招商引进向引进与培植并重转变，以实现经济收入持续稳定增长。

"我为广灵代言"决赛暨"大同好粮"单日单品过万单网络促销活动

发挥行业优势 助力平顺脱贫攻坚

——国家广播电视总局定点帮扶平顺县纪实

背景导读

　　平顺县位于晋、冀、豫三省交界处，太行山南端，是国家扶贫开发工作重点县，全国著名劳模、唯一的一至十三届全国人大代表申纪兰的家

帮扶修建的平顺县北社乡集林村活动场所

平顺县石城镇石城寄宿制小学爱心包裹发放

乡。全县辖5镇7乡262个行政村，总人口16.7万，农业人口13.5万，其中建档立卡贫困村241个、贫困户19478户、贫困人口53936人，其中，因病致贫22.8%，因残致贫6%，因学致贫14.8%，因灾致贫0.5%，因缺土地致贫0.52%，因水致贫0.37%，因缺技术致贫21.3%；因缺劳动力致贫7.5%，因缺资金致贫1.96%，其他原因致贫2.4%。

经过2014—2018年5年努力，全县共退出贫困村205个、脱贫44109人，贫困发生率下降到5.8%，其中2018年退出贫困村75个，脱贫3742户10907人。目前还有贫困村36个、贫困户2935户、贫困人口7890人。2016和2017连续两年脱贫攻坚成效位列全省第一方阵。

主要做法

国家广播电视总局定点帮扶平顺县以来，倾注了极大的心血，研究制定了《国家广播电视总局扶贫工作方案》，起草了《关于进一步加强总局定点扶贫工作的意见》，成立了由分管副局长任组长的定点扶贫工作领导小组，先后有9位处级干部到平顺挂职，不断加大文化扶贫、智力扶贫力度，充分发挥新闻宣传、出版、教育、文化领域的职能优势和资源优势，

平顺县西沟乡三里湾村剧场改造前

平顺县西沟乡三里湾村剧场（电影放映点）改造后

对平顺开展了有计划、有重点的扶贫帮扶，有力地推动了平顺经济社会各项事业快速发展。

一、精准扶贫结对子，入户帮困暖意浓

"你要好好养病，同时，再困难也要支持孩子们上学。相信在党和政府的帮助下，你一定能够克服困难。"2018年1月9日，在山西省长治市平顺县西沟乡西沟村、三里湾村的贫困户家中，国家广播电视总局党组成员、副局长张宏森详细询问着贫困户的生活现状、身体状况及子女学习工作情况，把带来的慰问品一一交到他们手中。收到来自总局的关心，刚刚做完手术的平顺县三里湾村村民郝双凤感动地说："我们真是从心底里感谢党、感谢政府！"

在扶贫的路上，不能落下一个贫困家庭，丢下一个贫困群众，这是国家广播电视总局扶贫工作队践行16年的信念。帮扶平顺16年来，每年，总局领导都要深入平顺县调研考察、扶贫济困，他们带着党中央、国务院对平顺老区人民的亲切关怀，带着广电系统广大干部职工对平顺人民的深情厚谊，走遍山乡、进村入户，对困难学生及困难家庭进行慰问，通过直接援助、财政支持、联系捐赠等方式，给予平顺群众实实在在的帮助，累计免费为平顺出版各类图书价值100余万元，捐赠价值300余万元的图书，多次为山区学生捐赠爱心包裹、爱心书包，为这里的群众送上温暖的关怀、亲切的叮咛。

全县广播电视公共服务水平显著提升，指导平顺县建立国产软件应用试点县，协调捐赠价值近500万元的操作系统软件和办公软件，平顺县被确定为全国3个试点县之一。全县262个行政村全部建起农家书屋，白杨坡、岳家寨、东庄等11个村成功申请传统文化古村落，帮扶杏城镇暖泉村、石城镇蟒岩村和黑虎村等8个村建起村级组织活动场所，帮助县人民医院建设康复与远程医疗学科，提升县妇幼保健计划服务中心基础能力，为群众提供更高水平的医疗服务。积极组织总局干部职工开展"春风送暖"和"爱心助学"活动，协调社会资源，开展"爱心一对一"帮扶活动、组建新长城高中生志强班资助贫困生，为平顺县的孩子们送上广电总局员工亲手编织的爱心毛衣。

谈起广电总局，全国著名劳模、唯一的一至十三届全国人大代表申纪兰无限感慨："每年春节前后，总局的领导和同志们都会亲自来看我们，这是用行动告诉我们，党中央一直与我们最基层农民保持着血肉联系，他们的深情厚谊让我们在寒冬感到温暖。"

二、多渠道全方位宣传平顺，助推产业发展

16年来，国家广播电视总局扶贫工作队不断加大对平顺的教育、文化、旅游扶贫力度，结合平顺县情实际，找准帮扶切入点，帮助解决贫困群众最关心、最直接、最现实的问题。

三里湾村是全国劳动模范郭玉恩的家乡。1951年，郭玉恩在这里领导创办了川底农业生产合作社，成为新中国成立后全国创办最早最成功的农村合作社之一。1954年郭玉恩和著名劳模李顺达一起夺得了爱国丰产金星奖章，这个奖章全国仅颁发过一次，只有四枚，平顺这个山区小县就夺得了两枚，这是平顺人民用勤劳的汗水和不屈不挠的精神换来的劳动者的荣誉。这段历史值得我们永久记忆，是平顺发展文化旅游产业、推动脱贫攻坚工作中一笔珍贵的精神财富。2017年9月26日，在国家广播电视总局的积极推动下，在中国人民大学农业与农村发展学院各位专家学者的紧张工作下，在平顺县委、县政府的积极筹备下，三里湾历史档案抢救保护文化工程顺利启动，为平顺的历史文化整理和档案管理工作画上了浓墨重彩的一笔。

"从现在起，我就是平顺的一员。"这是2017年王常宇到平顺三里湾村任职第一书记时的承诺。无论在三里湾还是高岸，他始终把自己当成村里的一员，低下身子、耐住性子，用行动践行承诺，用成绩见证决心。两年来，他坚持与村民同吃、同住、同劳动，了解群众家庭基本情况和生产生活上的困难，和群众打成一片，倾听群众所想、所思、所盼。任职期间，他为三里湾村创办了全县首家村级"村史馆"和全县首家农村固定电影放映点，协调北京新闻电影制片厂寻找到19世纪50年代中央关于宣传三里湾村合作社成功经验的珍贵视频资料进行播放，扶持贫困户在淘宝平台设立三里湾村土特产网店。在高岸村，他拓宽了入村水泥路，新建了蓄水池，重建了乡村文化舞台，恢复了农家书屋，积极推动该村集体光伏发电项目、养殖小区建设，引导发展蔬菜种植产业，使高岸村的村容村貌和群众生产生活条件有了明显改观，2018年该村集体收入突破了10万元。

总局把行业扶贫与定点扶贫相结合，发挥新闻出版广播影视资源优势，联系中央级媒体为平顺县进行宣传报道，成功举办"通天峡杯"首届

帮助改造升级的平顺县西沟乡西沟村农家书屋

穿越南太行2018·山西平顺国际马拉松赛、书画家"送文化，下基层"、媒体记者平顺行、山水太行·诗画平顺旅游推介、6届全国新闻记者漂流邀请赛、13届龙门文化艺术节、5届名人名家进平顺、低碳旅游文化节、国际风筝邀请赛、百名记者访平顺、百名画家画平顺、百名作家写平顺、百名摄影家拍平顺系列文化活动等节事活动，北社、豆口、白杨坡、东庄等民俗文化古村落的民间赛事活动连年举办。《乡约》栏目走进平顺，《中国影像方志·平顺篇》《画说平顺》《连翘茶背后的密码》《奇居之地·巨穴谜团》《探索与发现》《长城内外》《平顺》等纪录片、宣传片走上央视各大频道，将平顺旅游全方位展现在大众面前。

文化旅游产业是朝阳产业、绿色产业，是经济新常态下的重要增长点，是平顺脱贫攻坚的主打产业。在国家广播电视总局面向国内外广泛推介大力宣传下，平顺旅游美名远扬，"山水太行·诗画平顺"的知名度和影响力快速提升。2017年，全县共接待游客306.68万人次，同比增长13%，旅游综合收入22.35亿元，同比增长14%，其中乡村旅游接待游客153.1万人次，同比增长12%，乡村旅游综合收入8.95亿元，同比增长13%，全县有80个村被列为全国乡村旅游扶贫重点村，带动发展农家旅社287家；新建农副土特产品加工和旅游纪念品开发企业12家，开发产品90余种，越来越多的群众干上"旅游活"，吃上"旅游饭"。

三、优秀干部走进平顺，扎根第二故乡

掰指算算，从2016年7月至今，作为总局派驻平顺挂职的第七任干部，曹勇挂职山西省平顺县人民政府副县长已有两年半的时间，远远超过原定的挂职时间，他放不下那些还没有脱贫的老百姓，忘不了那些贫困学生渴望知识的双眼，他和这片发展中的热土结下了深厚的情谊，把根深深扎在了"第二故乡"的土地里。

这两年，正值党中央精准扶贫重要部署进入攻坚期，扶贫便成为一项重要工作。按照县里"包村包户"的要求，曹勇负责石城镇及下辖30个村的脱贫工作，其中定点帮扶流吉村46户96口村民。要脱贫，先要了解致贫原因，找到脱贫办法。他坚持每周数次下乡入户走访，与老乡促膝谈

李瑞英为县电视台播音主持人培训

心，决定从助学扶贫、文化扶贫、就业扶贫、旅游扶贫等多个方面入手，针对不同家庭情况分别施策，实现精准脱贫的目标。

"再穷不能穷教育，再苦不能苦孩子"，作为从贫困农村走出来的人，他对此感同身受。扶贫要先扶智。经多方奔走，协调到总局教育资助款15万元，资助了124名贫困生；多次向中国扶贫基金会申请，争取到36.75万元资金，资助了全县35名贫困生就读高中，使这些贫困学生每年可获得3500元助学款，直至高三毕业。

文化扶贫也是总局确定的扶贫工作的重要内容之一。他积极联系行业单位开展捐赠活动，人民教育出版社、山西出版传媒集团先后为全县7所中学、48所小学捐赠了价值118万元的数字产品和图书；韬奋基金会和新阅读杂志社为全县5所学校捐赠了价值50万元的图书和7000册《新阅读》杂志，县公安局、县图书馆、乡村农家书屋存书不断更新，在他的引导下，平顺县全民阅读活动不断引向深入。在他的积极联系下，"结对子·种文化·走基层·三贴近"慰问演出活动走进平顺，央视著名主持人李瑞英等一批专家、名人来到平顺，人民群众的精神文化生活不断得到丰富。

旅游和中药材种植是平顺县的两大主导产业。经多次下乡考察中药材种植情况，结合平顺的青山绿水、独特的地理环境等，致力于打造具有平顺特色的全域旅游。为申报国家中医药健康旅游示范区，从2016年9月开始，曹勇同志与国家中医药管理局和国家旅游局的相关部门多次进行沟通和汇报，在他的努力下，平顺于2017年入选首批国家中医药健康旅游示范区创建单位，平顺距离打造全国一流中药材基地特色县目标更进一步。

启　示

16年，长期连续帮扶不断线。2002—2018年，时代在变，国家广播电视总局对平顺的帮扶不变。16年，双方建立了深厚的友谊，在总局的倾力帮扶下，在平顺人民的不断努力下，平顺给外界的印象变了，平顺人民的精气神变了，平顺城乡面貌、基础设施、人居环境、富民产业、经济社会各项事业更是发生了翻天覆地的变化。

发挥行业优势，找准帮扶切入点。酒香还怕巷子深。一直以来，平顺守着自己的青山绿水，望着别人的金山银山，文化旅游资源丰富却少有人知。总局定点帮扶以来，充分发挥行业部门优势，调动各种帮扶资源，采用请进来、推出去的方式，全方位多角度开展宣传推介，为平顺文化旅游产业发展打开通向外界的窗口。

挂职干部定期轮换、压茬交接。2002年以来，国家广播电视总局共向平顺县派驻挂职干部7批，每批任职两年。挂职干部一任接着一任干，自觉担当起连接平顺与总局的重要纽带，把自己迅速融入平顺，把自己当作平顺人，把平顺的事业当成自己的事业，扎根平顺、热爱平顺、建设平顺，投入平顺脱贫攻坚和经济社会建设的热潮，为平顺的发展源源不断地注入活力。

打造"体育+"扶贫新模式
全面助力脱贫攻坚
——国家体育总局定点帮扶繁峙县、代县纪实

背景导读

国家体育总局驻山西繁峙县、代县扶贫工作组深入贯彻十九大和两会精神，全面落实习近平总书记对体育工作和扶贫工作的重要指示精神，严格按照国家体育总局党组提出的"突出体育扶贫、扶出体育特色"和"立志、立教、立业"的扶贫工作指导思想，着力打造"体育+"扶贫工作新模式，全力助推繁峙县、代县打赢脱贫攻坚战。

繁峙县地处山西省东北部，属燕山—太行山集中连片特困地区，是国家扶贫开发工作重点县。全县总面积2368平方公里，辖3镇10乡、403个行政村（撤销整村搬迁行政村建制后全县行政村总数287个），2016年底，繁峙县贫困村166个，贫困户14205户，贫困人口39679人；2017年底贫困村134个，贫困户9366户，贫困人口24284人；2018年底动态调整后，贫困村3个，贫困户534户，贫困人口1374人，县贫困发生率0.58%，繁峙县拟于2018年底脱贫"摘帽"。国家体育总局从1994年开始先后派出22批

定点扶贫工作队在开展定点扶贫工作，先后投入物资折合人民币3800余万元，为该县发展做出了积极贡献。

代县是全国592个扶贫开发工作重点县、山西省35个贫困县之一，也是山西省忻州市脱贫攻坚主战场。2016年底，代县贫困村196个，贫困户15626户，贫困人口35261人；2017年底贫困村135个，贫困户9701户，贫困人口21648人；2018年底动态调整后，贫困村46个，贫困户3530户，贫困人口7315人，县贫困发生率4.56%，代县拟于2019年底脱贫"摘帽"。2002年，国家体育总局积极响应党中央、国务院的号召，启动定点帮扶代县工作，先后投入物资折合人民币3100余万元。

主要做法

一、通过体育赛事活动搭台，推动"体育+宣传+旅游+文化"的融合发展

1. "寻找美丽中华"定向越野比赛

2018年4月14日和15日完成了定向越野代县站和繁峙站比赛，分别在杨家祠堂和赵庄村举办，主题分别为"寻找美丽中华、感受魅力代州"和"寻找美丽中华、穿越杏林花海"，比赛规模均为300人左右，设置了精英组和公开组两个组别。两个比赛地点均为两县特色旅游村，比赛活动内容设计紧紧围绕赛事主题和两村经济文化特点，助推乡村特色旅游。两站活动资金共计30万元，由体育总局航管中心上报计划，彩票公益金转移支付。

2. "奥跑中国"路跑比赛

"奥跑中国"活动在2017年繁峙县举行的基础上，2018年6月24日在代县举行，体育总局奥体中心提供了赛事资金和人力方面的支持，体育总局田径中心给予技术支持，活动以"穿越文化名城、感受魅力代州"为主题，比赛规模为1000人，"奥跑中国"赛事赞助企业也积极响应本站比赛的公益倡导，赛事冠名企业首创奥特莱斯为代县乡村小学捐赠了图书室和

"奥跑中国"赛事现场

体育运动器材，赛事独家保险合作企业国任保险为乡村小学捐赠了体育运动器材。奥体中心将比赛报名收入全数捐赠给了太和岭口村党支部。本次活动奥体中心及合作企业投入约40万元。

3. 代县雁门关国际骑游大会

2018年代县雁门关国际骑游大会于7月21日至23日举办，经扶贫组协调山西省体育局作为本次比赛主办单位，赛前新闻发布会在太原市召开，主办方规格提升有利于赛事影响力的提升和赛事品牌的打造。同时扶贫组也积极与中央电视台、《中国体育报》沟通，寻找赛事亮点，扩大传播范围，同时也参与了赛事竞赛组织、嘉宾邀请等工作。下一步扶贫组计划与体育总局自剑中心沟通，争取将该项赛事纳入全国比赛的一个分站，进一步扩大赛事影响力。

4. 繁峙毽球公开赛

"2018年中国·繁峙毽球公开赛"在2017年成功举办第一届的基础上于2018年9月15日至16日在繁峙县体育馆成功举办。赛事资金计划为25万元，由体育总局社体中心上报计划，彩票公益金转移支付20万元。今后，繁峙毽子协会将加强与中小学校合作，让毽球运动进入学校，从娃娃抓起，开展全民毽球运动，逐步打造毽球之乡。

5. 其他赛事和活动

同时扶贫组指导和协助两县举办了一系列的体育赛事和活动，主要有7月代县传统挠羊赛、8月代县湿地公园定向赛、8月繁峙篮球公开赛、8月繁峙环五台山徒步大会、11月繁峙羽毛球混合团体赛等活动。在扶贫组的指导下，两县体育比赛办赛能力有所提升，规范化和标准化程度有所提高，为以后举办体育活动打下了良好基础。

二、通过支教培训和文化交流促进教育事业发展，助力智力脱贫

通过兴建学校、捐资助学、派驻体育实习生、创办体育特色学校、送文化产品下乡、举办夏令营等活动形式，积极支持当地教育和文化事业发展。

1. 积极开展实习与支教活动

体育总局扶贫组协调两县教委与北京体育大学达成教育帮扶协议，北体大每学期派大学生到两县实习，并由部分世界冠军、全国冠军组成艺术

雁门关骑游大会

毽球大赛

北体大支教培训

团精心准备体育文艺节目赴两县慰问演出。彩票中心派出青年干部到繁峙县上永兴小学和代县南新小学进行为期4个月的支教活动，上下学期各两个月，并为两学校捐赠了电脑、校服、文体用品、电暖气、燃煤等物资，另外彩票中心的"快乐操场"项目也惠及另外两所学校。联系协调南开大学到繁峙上永兴小学进行交流和暑假支教活动，此项活动已经持续了15年。

2.开展体育特色学校建设和培训工作

体育总局棋牌中心在代县实验小学和繁峙滨河小学、砂河一小开展象棋、围棋和五子棋等特色项目教育培训，双方已经签订战略合作协议，并举行了全国棋牌教育推广工程校授牌仪式。北体大派出专业老师和竞技体育学院4位老师为繁峙县培训体育协会骨干和体育教师，提升两县体育人才的专业技术水平和教学能力。

3.资助学校基础设施建设

对两县的三个小学齐城小学、东若院小学和上永兴小学总共资助15万元，用于门窗改造、场地硬化、体育器材购置和房屋建设，目前各项工程项目已经竣工，提交了竣工报告和项目决算。

体彩支教

三、聚焦民生和精准帮扶，在产业扶贫方面发力

体育总局力图通过产业扶贫项目帮扶两县建档立卡贫困户脱贫致富奔小康，中华体育基金会先后两次就产业扶贫项目到两县调研和考察，明确了资助的项目。主要有代县太和岭口村20万元小米加工项目、代县雁门关乡200万元小杂粮加工项目、繁峙县集义庄乡180万元藜麦生产项目，还有繁峙县三祝村养殖羊舍项目、繁峙县上西庄村路灯改造项目等。

1.代县雁门关乡200万元小杂粮加工项目

成立专业合作社，致力于小杂粮的种植、加工为一体的立体生产链，

雁门关勾三杂粮加工项目

调整深化产业结构的示范作用。公司2018年10月份投产，投产后采用"公司+合作社+农户"的生产模式，能带动贫困户270户脱贫，推动雁门关乡小杂粮产业发展。实施"1+3"带贫机制，"1"指：项目实施后保证给予乡政府年8%的保底分红（16万元），分红在打入乡三资中心后对全乡贫困人口进行二次分配。"3"指：代县勾三杂粮有限公司在发展过程中优先聘用、培训该乡贫困户，解决贫困户就近就业；优先收购各村小杂粮谷类、黍类等，促进小杂粮产业化发展；优先给予各村贫困户种植技术指导，调整玉米种植为杂粮种植，激发贫困户发展致富的内生动力。该项目已经完成竣工决算，于11月份投产。

2.繁峙县集义庄乡180万元藜麦加工项目

繁峙县从2014年开始试种藜麦获得成功后，近两年发展成2万亩富硒藜麦基地。该项目准备建设集原料筛选、初深加工、大众杂粮仓储、包装于一体的5000吨的加工厂1座，日生产原粮20吨，藜麦压片日产8吨。通过"公司+合作社+贫困户+电商"的模式，推动50户电商的发展。项目建设的厂区所在地位于山西省忻州市繁峙县集义庄乡东坡头村东。公司每年拿出15万元分红用于繁峙县上西庄村、三祝村、集义庄乡东坡头村3村的集体收入。目前该项目正在进行基础设施建设，预计2019年5月份投产。

3. 代县太和岭口村20万元小米加工项目

太和岭口村是体育总局定点帮扶村，地处半坡，气候条件适宜种植小杂粮，土质为砂壤黄土，农民传统上种植谷、黍、豆类等小杂粮，种植历史悠久，有非常好的种植基础。该村所产精品小杂粮营养丰富、品质优良，尤其是小米黏稠度高、味道香、颗粒饱满，市场远景广阔。体育总局决定在太和岭口村投资20万元实施特色小杂粮加工项目。该项目包括建厂房，购设备，搞产品开发、包装、销售。建厂施工全部雇用贫困户劳力，使他们每人每天获得劳务收益150元。该项目已竣工决算，于9月份投产。

4. 其他资助项目

体育总局通过体育扶贫专项基金，还支持了繁峙县三祝村5万元养殖羊舍项目、繁峙县上西庄村5万元路灯改造项目。目前这两个项目均已完工，三祝村的羊舍已经投入使用，上西庄村的路灯亮了起来，让村民夜间出行更方便。

启　示

以"体育+宣传+文化+旅游"理念推进赛事活动，带动了旅游事业发展。通过举办雁门关国际骑游大会、"寻找美丽中华"全国旅游城市定向系列赛等赛事和活动，围绕景区的宣传和推广，通过赛事举办、明星站台聚集人气，宣传当地的旅游景区、文物古迹、特色小吃和传统民间艺术，着力打造代县旅游景点品牌，推动全县旅游业的发展，进而推动当地经济社会的发展，增强了代县在全国的影响力和知名度。体育赛事的举办不仅可以聚集人气提升媒体关注度，同时也可以带动当地的餐饮、住宿、零售等行业发展，具有影响线面广、产业链长的优势，在助力脱贫、带动老百姓增收等方面效果明显。

教育帮扶促进了教育事业发展，实现了扶贫扶智。通过帮扶教育达到扶贫先扶智的作用。组织北京体育大学连续两年在两县参加社会实践，并进行体育教师技能培训，提升了体育教师的专业水平。各种青少年夏令营活动拓宽了两县贫困学生视野，北京体育大学派驻的实习生有效弥补了两县体育师资的不足。

产业帮扶项目直接使贫困户收益，推动了精准扶贫落地。结合两县独特的天然优势和气候优势，发展小杂粮加工产业可有效增加贫困户的就业岗位，有助于贫困户早日脱贫。产业项目的帮扶，有效地促进了贫困村人员的就业，特别是优先吸纳了建档立卡贫困人口就业，不仅解决了全村建档立卡贫困户的就业难题，增加了村民的收入，改善了村庄的人居环境，还为全村村民的脱贫致富搭建了广阔的发展平台。

真帮实扶断"穷根" 合力共圆脱贫梦

——国家统计局定点帮扶岢岚县纪实

背景导读

坚决打赢脱贫攻坚战是党的十九大做出的重要部署，以习近平同志为核心的党中央把贫困人口脱贫作为全面建成小康社会的底线任务和标志性指标，做出一系列重大部署和工作安排，以前所未有的力度推进全面脱贫攻坚。山西省岢岚县是国家级贫困县，地处吕梁山区，生态脆弱，交通不便，土地贫瘠，群众就医、就学保障滞后，经济发展落后。国家统计局自2013年起定点扶贫岢岚县，6年来，先后派出4位处级干部任县委常委、政府副县长、选派驻村第一书记3名、扶贫干部27名挂职参与脱贫攻坚工作。在国家统计局党组正确领导下，挂职扶贫干部认真学习贯彻习近平新时代中国特色社会主义思想，扎实践行精准扶贫理念，积极统筹协调、主动服务对接，在履行脱贫攻坚责任、推进重点难点项目、落实定点帮扶措施等方面干在实处、形成合力，推动当地经济发展、社会进步和民生改善，助推岢岚县坚决打赢脱贫攻坚战。

2014年岢岚县建档立卡贫困人口8557户20227人，贫困发生率

宁吉喆局长在岢岚县调研

31.7%。党的十八大以来，对标"一收入、两不愁、三保障"脱贫现行标准，全县上下攻坚克难，脱贫工作取得积极成效，2017年贫困发生率降至8.72%，2018年完成剩余31个贫困村退出、5559人脱贫，努力达到"三率一度"考核评估标准，实现整体脱贫"摘帽"。岢岚县按照中央、省、市关于脱贫工作的总体部署，把脱贫攻坚作为头等大事、第一民生工程，全县上下戮力同心、攻坚克难，取得了显著成效，积累了丰富经验，形成了独特的"岢岚模式"，将如期实现"户脱贫、村退出、县'摘帽'"的目标，与全国人民携手奔向小康社会。全县上下深入贯彻习近平总书记扶贫开发重要论述，全面落实习近平总书记视察山西重要讲话精神，按照中央和省、市脱贫攻坚战略部署，践行工作务实、过程扎实、结果真实的要求，实现8438户20029人脱贫、116个贫困村全部退出（整村搬迁销号26个）、县"摘帽"14项指标全部达标，贫困发生率由31.8%下降到目前的0.38%……昔日荒山秃岭，变为今天的绿水青山；昔日渐渐老去的村庄，变为今天看得见山、望得见水、留得住乡愁的美丽乡村；昔日苦于吃水难、行路难、看病难的贫困群众，告别了破窑洞，住进了新房子，开启了新生活。

主要做法

一、领导高度重视，帮扶工作倾真情

国家统计局领导多次深入岢岚县调研指导脱贫攻坚工作，挂职扶贫干部认真贯彻落实国家统计局党组关于定点扶贫的决策部署，结合统计系统与岢岚县实际，明晰帮扶思路，谋划帮扶举措，在岢岚县委、县政府的支持配合下，想方设法，善作善成，全心全意做好精准扶贫工作，有效发挥了示范引领作用和桥梁纽带作用。一是力推智力扶贫。根据岢岚县干部群众的需求，先后举办统计法律法规、投资统计、收支测算、经济普查等各类培训班，连续多年对全县青年干部进行脱贫攻坚专题培训，拓展当地青年干部脱贫攻坚的视野和思路。组织开展新型职业农民、山羊养殖、造林技能、贫困妇女草编剪纸等培训，帮助增加就业技能，促进群众脱贫致富。二是力推项目扶贫。坚持把对使命的担当和对责任的履行，体现到扶

鲜祖德副局长深入贫困村调研慰问

向孟家坡村爱心捐款10万元

贫开发项目的落地见效、惠及群众上，助推风力发电项目、光伏扶贫项目、晋岚绒山羊育繁推一体化项目、沙棘食药字评审认证项目落地实施，为解决当地发展难题、带动贫困群众脱贫发挥了重要作用。岢岚40万千瓦风电项目，目前已落地实施，该项目可带动7000个贫困户每户年增收3000元；山西和光同50兆瓦光伏发电项目可带动3000个贫困户每户年增收3200元；岢岚山阳药业两款保健产品项目已获批准进入药店销售；晋岚绒山羊育繁推一体化项目争取到农业部1000万元的资金支持，为种羊场基地建设、科研经费投入等提供了资金保障，该项目每年可为周边县区提供200多只优质种羊，不仅带来较大的经济效益，而且还将发挥一定的社会效益。三是力推信息扶贫。扎实推进信息技术与脱贫攻坚的融合，帮助岢岚县建设精准扶贫大数据管理平台，大数据平台综合反映建档立卡贫困人口的基本情况，成为及时、精准、动态展现贫困群众信息的平台，还将通过"互联网+电子商务"，同步实现"线上服务、线上销售"和"线下浏观、线上销售"，将农户小生产对接销售大市场，促进农副产品的生产、加工、销售、服务一体化。

二、坚持用饱满的热情办实事、真扶贫

改进帮扶思路、创新扶贫举措，认真履行脱贫攻坚责任，形成了"真心实意"助脱贫的工作局面。一是倾心改善基础设施。国家统计局每年投入100多万元扶贫资金，帮助岢岚县深度贫困村建设蔬菜大棚、保鲜地窖，修缮村级道路、党建活动场所，修建公共浴室、卫生场所以及文化活动广场，群众生产生活环境进一步改善，党的阵地建设水平进一步提升。二是精心推进生态扶贫。2013年以来，国家统计局与山西省统计局、国家统计局山西调查总队在岢岚县共植统计树、共建统计林，持续打造"万亩统计林"。截至目前，已栽种树木3000余亩，并由乡村护林员精心管护，其中统计系统党员干部栽种油松2.3万株、仁用杏树1万株，年年为统计林播种新苗、增添绿色，推进了岢岚县的绿水青山建设。三是用心帮助销售农产品。面对岢岚县贫困户小杂粮滞销的实际情况，国家统计局挂职扶贫干部积极主动作为，帮助拓宽销路，2018年以来，共为岢岚县贫困户销售50余万元的土豆、高粱、谷子、红芸豆等农副产品，用心当好了贫困群众脱贫致富的"催化剂"和"助推器"。四是真心开展扶贫活动。国家统计局各司级单位先后到岢岚县开展扶贫活动，慰问贫困群众，救济特困家庭，为学龄儿童捐赠学习用品，送去了国家统计局干部职工的温暖和关

开展"脱贫巧手"培训活动

岢岚县易地搬迁新区

怀，帮助贫困群众树立了生活信心、增强了脱贫动力。

三、坚持党建引领，筑牢扶贫根基，力促"抓党建、促脱贫"取得实效

国家统计局选派的三任驻村第一书记，几年来面对脱贫攻坚目标和要求，积极推进基层党建与精准扶贫。一是结合基层党支部基本职责，引导党员将"打赢脱贫攻坚战"作为共同的追求，团结带领乡村党员群众一起奋斗。二是下功夫抓基层党支部工作机制的健全，通过集思广益，明确提出构建"车头带动、人人发力"的基层党建"动车化"新模式，完善了村级事务管理"四议两公开"制度，让全体党员参与到支部建设和脱贫攻坚具体工作中来。三是着力精细施策，带着责任、带着感情履行第一书记职责，在深入贫困户走访调研的基础上，因地制宜完善基础设施、建设扶贫项目，将争取到的扶贫资金全部用在贫困群众脱贫增收上，取得了良好的成绩与效果，得到了全村干部群众的广泛认可。四是将国家统计局拨付的党建资金精准用于帮扶的三井镇孟家坡村修缮党组织活动场所、建设党建阵地、美化村容村貌，在修建村级文化活动场所的基础上，对该村老旧河道进行改造治理，解决了老百姓雨季出行难、污水遍地流的问题；积极推

064

进村民服务中心建设，办起了扶贫爱心超市、卫生医疗室、农民讲习所，在丰富群众精神文化生活的同时，也改善了群众生产生活环境。

启　示

改革创新强化教育扶贫。贯彻落实国家统计局关于推进教育扶贫工作总体要求，坚持"创新方法，加大智力扶贫"，采取"请进来"和"走出去"相结合的方式，加大对贫困地区扶贫干部的培训力度。创新培训方式方法，增加案例教学和现场教学等课程比重，全面提升贫困地区党政干部整体素质和脱贫攻坚工作能力。

持之以恒开展生态扶贫。2013年以来，统计系统在岢岚县开展共植统计树、共建统计林活动，持续打造"万亩统计林"。目前已栽种树木3000多亩，其中油松2.3万株，仁用杏树1万株。植树造林功在当代、利在千秋，国家统计局要持之以恒，以求大功毕成。发挥统计系统统计调查、统计监测等行业优势，与环境保护等部门合作，为贫困地区改善生态环境出谋划策，合力推动贫困地区美丽国土建设。

统计人助岢岚县生态扶贫

加强宣传对接消费扶贫。充分利用统计系统部门优势，加强官网、微信等新技术、新媒体对脱贫攻坚工作宣传力度，深度报道贫困地区经济社会发展。借助各种工作机会，帮助贫困地区创立对接合作项目，拓宽特色农副产品、工业品销路，充分吸纳外来投资，承接东部地区产业转移，完善特色产业价值链，扩大就业增加收入。通过投资驱动和消费升级，形成投资与消费的"乘数效应"，实现经济良性循环。

发挥优势做好统计服务。充分利用统计部门优势，主动作为，指导和帮助定点扶贫县做好贫困统计监测调查，加强贫困统计数据分析和服务，真实客观反映脱贫程度，为定点扶贫县党委、政府扶贫规划提供有力的统计保障。加强统计服务，充分运用统计数据优势和互联网新媒介方式，发挥大数据服务作用，为定点扶贫县提供信息管理、宣传教育等服务。

多措并举助力脱贫攻坚

——中国证监会系统单位定点帮扶隰县、汾西县纪实

背景导读

为深入贯彻落实党中央关于扶贫工作的重要战略部署，中国证券业协会自2013年开始定点帮扶山西省隰县和汾西县。2017年汾西县由中国证券投资基金会协会定点帮扶。近年来，中国证券业协会和中国证券投资基金业协会通过制定扶贫规划、选派优秀挂职干部、公益扶贫投入和产业扶贫引导等多种形式，多措并举助力隰县和汾西县脱贫攻坚。

隰县，位于晋西吕梁山南麓，临汾市西北部，属黄土高原残垣沟壑区，总面积为1415.3平方公里，下辖8个乡镇，97个行政村，总人口约为10.7万，是国家级扶贫开发重点县，也是吕梁山片区扶贫开发重点县。截至2018年底，隰县有贫困村79个，建档立卡贫困对象总规模7220户20760人，贫困占比25.6%，经过持续精准施策，贫困发生率降至0.57%，2018年底实现脱贫"摘帽"。

汾西县，总面积880平方公里，辖9个乡镇（社区）、126个行政村（居委会）、484个自然村，总人口14.8万人，其中农业人口12.97万人。

捐助成立的隰县一中新长城自强班开班

2018年8月动态调整后，汾西县建档立卡贫困户14127户41643人。2017年以前，共脱贫7490户23372人，整村脱贫49个。目前汾西县尚有贫困村71个，贫困户6637户18271人，贫困发生率从32.1%下降到14.1%。2018年全县计划脱贫3268户9676人，整村退出23个。

主要做法

一、设立专项基金，破解资金保障难题

隰县和汾西县同属吕梁片区山区县，两县地理位置相近，贫困人口多，贫困程度深，基础设施差，财政收入低，教育发展落后，医疗卫生基础薄弱，基础条件急需改善。针对以上问题，中国证券业协会和中国证券投资基金业协会积极谋划，通过设立专项基金的方式，破解定点帮扶工作的资金保障难题。

2013年，中国证券业协会与中国扶贫基金会合作成立证券行业扶贫专项基金，资金主要来源于自有资金和证券行业会员单位及从业人员捐赠。自专项基金成立以来，共筹集资金近950万元，用于隰县和汾西县医疗卫

生和教育事业。投入近60万元，为两县新增医疗器械，改善医院的医疗环境，缓解医院医疗设备落后的困境。投入近200万元，对每个家庭困难的小学生、高中生和大学生进行资助，解决贫困学生上学困难的问题，保证家庭困难的学生不因贫辍学。投入670余万元开展教育扶贫项目，改善两县的学校环境，建立现代化多媒体教室，建立图书馆，让贫困地区的孩子能够享受到跟城里孩子一样的教学设施，开阔孩子们的眼界，拓宽孩子们的思维。通过两家协会在医疗卫生和教育方面的持续投入，提升了两县医疗卫生和教育的发展质量，使两县的医院能够为更多的群众提供好的医疗服务，使两县的学校能够培养出更多有用的人才，改变两县贫困落后的面貌。

二、发挥行业优势，创新扶贫模式

两家协会依托自身条件，发挥证券和基金行业在资金、运作和信息等方面的优势，积极探索金融扶贫工作的新模式，创新金融扶贫工作的新方法。

设立产业扶贫投资基金。中国证券投资基金业协会充分发挥金融资本的引导和协同作用，由中国证券投资基金业协会捐赠1000万元，支持汾西县设立市场化运作的"产业扶贫投资基金"，通过发挥产业投资基金引资、引智、引资源的功能，启动、引导、扶持汾西县主导产业、文化旅游

善行者行动探访隰县特困群体

在隰县组织举办金融培训

等特色产业发展，服务脱贫攻坚。该基金的设立，为汾西县的企业打开了融资的大门，完善了汾西县的金融结构，通过这个"种子基金"，可吸引外地企业入驻汾西县，也可扶持汾西县的产业发展，这是金融扶贫的一个创新尝试。

设立特困扶贫专项基金。为解决隰县特困群体稳定脱贫的问题，确保特困群体稳定实现"两不愁、三保障"，由中国证券业协会、中国扶贫基金会和隰县人民政府三家联合成立"隰县特困扶贫专项基金"，共筹集2100万元，特困基金将由专业的基金管理公司对基金进行运作，按照每年的收益4%—5%计算，每年特困基金的收益在100万元左右，按照人均3200元的脱贫标准，可以解决特困群体300多人的稳定脱贫问题。

上市企业孵化辅导。两家协会分别组织证券公司对当地符合上市条件的企业进行了摸底筛查，协调证券公司对企业进行上市辅导，协助开展公司治理，改善企业盈利能力，同时多方谋划，引进外地优秀企业入驻，通过并购重组等方式提升当地企业的实力，重点孵化一至两家企业在新三板、创业板上市，以点带面，发挥示范效应，目前已有天天饮料、京润泽、好乐佳食品、洪昌养殖等企业拟在新三板、创业板上市的企业开始前期筹备工作。

信息服务支持。中国证券业协会依托中证报价建设"中国金融扶贫综合服务平台",与临汾市政府合作打造"临汾模式",汇集行业资源,促进贫困地区产业发展,为金融机构开展扶贫工作提供支持和服务;同时,通过推动贫困地区产业资源与资本市场对接,促进贫困地区资源优势产业化和经济发展。2016年平台正式上线运行,主要功能分为四大板块:信息展示与对接、县域特色产品销售、扶贫政策展示与行业扶贫案例宣传、证券扶贫信息共享。目前临汾市共有9个产业项目和8个消费扶贫产品在扶贫板上挂牌交易,开创了当地又一扶贫机制模式的创新。

以上几个方面都是中国证券业协会和中国证券投资基金业协会立足自身行业优势,将金融和扶贫相结合的创新性的研究,通过发挥金融行业资本、运作、信息等方面的优势,创新金融扶贫的新模式。

三、因地制宜,依托当地的优势谋脱贫

光伏扶贫。利用两县良好的光照、闲置土地等条件,发展光伏扶贫产业,建立村级光伏电站,确保贫困人口共享电站收益,光伏电站当年建成,并网发电,当年就可见到收益。2017年,中国证券投资基金业协会在汾西县下属8个乡镇各建设1个300千瓦的"光伏+特色农场"项目,项目投资约1680万元,包含光伏电站和电站下特色农场两个部分,能够覆盖汾西县全县四分之一的深度贫困户,还可带动近200人就业。中国证券业协

帮扶发展光伏扶贫项目

帮扶建设的朝阳食品厂出口项目

会号召行业捐赠5282.5万元在隰县建设45座村级光伏电站，截至目前，由49家证券公司捐建的村级光伏电站全部建设完成，并网发电。光伏电站建成后，产权归属建设所在地村集体所有，光伏扶贫电站的收益扣除光伏电站日常运营和维护成本后，剩余的收益全部用于建档立卡贫困户，主要通过设置公益岗位，开展公益事业，直接补助等方式，对建档立卡贫困户进行补贴，按照每年每户补助3200元，隰县的光伏扶贫项目预计可解决1904户5782人稳定脱贫问题。

电商扶贫。中国证券投资基金业协会在行业内号召进行消费扶贫，在不到一个月的时间内，为汾西县销售县域农特产品180余万元，打破了消费的瓶颈，扩大了县域农特产品销售渠道，增加了农业产业附加值，带动贫困户持续增收。中国证券业协会挂职干部联合其他贫困县在淘宝网上创建"吕梁山特色馆"，通过县长代言的方式将当地的特色农产品通过电商平台销售到全国各地，活动开展的一个月时间内，农产品销售额达670余万元。由此，隰县玉露香梨等一批吕梁山特色农产品逐渐被北京、上海等地的消费者所熟知。隰县还涌现出了一大批网上开店、足不出户就能将特色农产品卖到全国各地的能人。隰县的王园芳，自2014年嫁到隰县午城村，由于家人生大病，花光了所有的积蓄，还戴上了贫困户的"帽子"，

2016年她主动去浙江学习电商，回来后做起了原生态山味的生意，两个月销售额6000元，纯收入3000元，随后王园芳还成立了合作社，带动11户贫困户做电商，给贫困户真正带来了收入。目前，王园芳成立的"野丫头农产品农民专业合作社"可带动100多户农民，销售额达12万元，受到了国务院扶贫办领导的关注。

梨果产业促脱贫。隰县是金梨之乡，玉露香梨面积20万亩，梨果总面积为35万亩，产量4.5亿斤，全县80%的土地种植果树，80%的农民从事梨果产业，80%的农村收入来源于果树，80%的贫困户依托梨果产业增收。中国证券业协会在助力隰县玉露香梨产业发展方面主要做了三方面工作：一是品质管控。引入中国扶贫基金会的"善品公社"项目，组织果农（含贫困户）成立合作社，制定玉露香梨的种植、养护、采摘、仓储和销售标准，实现标准化生产，保证玉露香梨品质，提高市场竞争力。二是品牌塑造。2016年，联合山西12个国定贫困县，举办了"品味吕梁太行、县长携手代言"的扶贫推介活动，通过线上众筹、线下巡展的方式宣传各县农特产品，使"隰县玉露香梨"这一品牌广为人知。三是销售推广。借着消费扶贫的热潮，联合周边5个县，协调阿里巴巴公司在淘宝网建立"吕梁山特色馆"，将隰县玉露香梨和其他县的农产品打包进行网上销售。

特色养殖谋发展。中国证券投资基金业协会引进农业产业全国500强企业山东诸城外贸公司对口帮扶汾西县洪昌养殖有限责任公司，两家公司签订战略合作协议，在汾西县合资注册长晟科贸公司，延伸产业链，计划在"十三五"期间建设肉鸡产业化养殖基地建设项目、肉鸡调味品生产加工厂，使该公司年肉鸡屠宰能力达5000万只，成为汾西产业扶贫示范项目。目前熟食品加工项目已经开工建设，建成后可提供600个就业岗位，辐射周边生活服务等，精准带动周边贫困户脱贫奔小康。

启 示

资金保障是前提。针对两县贫困范围广，贫困程度深，产业基础差，集体经济底子薄的特点，两家协会领导多次深入两县实地调研，精选帮扶项目，充分论证帮扶项目的可行性，制定适合两县实际情况的帮扶措施，要想将这些帮扶措施落实到位，首先就要破解资金难题。中国证券业协会从2013年开始就设立证券行业扶贫专项基金，建立了便捷、通畅的公益资金运作渠道，降低了行业捐赠成本，规范了捐赠行为及扶贫资金的使用。中国证券投资基金业协会通过设立产业扶贫投资基金、引领基金行业主动捐助等方式，为帮扶措施的顺利实施提供了资金保障。从2013年开始，两家协会已经通过自有资金捐赠和引导行业捐赠等方式共筹集资金1亿多元，用于两县的定点扶贫工作，取得了良好的效果。

创新扶贫形式是补充。两家协会始终坚持发挥行业优势，创新金融扶贫新模式，充分利用两家协会在证券和基金行业的影响力，发挥证券行业和基金行业对资本、信息和技术的引导和支持作用，通过上市企业辅导、资金运作和信息服务支持等形式，对接两县的企业上市、产业项目发展和农产品销售，提升两县农产品的知名度，扩大农产品销售渠道，通过打造

帮扶建设的肉鸡养殖大棚

发展一批优质的农产品生产销售企业，带动贫困户脱贫致富，真正提升两县的"造血功能"。

产业发展是根本。实践证明，脱贫攻坚必须从产业扶贫入手，发展产业才是实现脱贫的根本之策，只有因地制宜，精准施策，培育和壮大特色产业，才能够让贫困群众彻底摘掉贫困的"帽子"。中国证券业协会坚持围绕隰县的特色梨果产业做文章，通过引入先进的种植技术，培育优质品牌，拓宽特色梨果销售渠道，规范梨果种植生产标准，推动梨果产业的发展，助力隰县脱贫攻坚。中国证券投资基金业协会通过设立产业扶贫投资基金引导汾西县产业发展，发挥基金引资、引智、引资源的功能，持续稳定推动汾西县的产业发展。

发挥自身业务资源优势
助力和顺壶关脱贫"摘帽"
——全国总工会定点帮扶和顺县、壶关县纪实

背景导读

全国总工会自2002年开始对和顺县开展定点扶贫。和顺县地处山西省东陲，太行山中段，总面积2250平方公里，是晋中市版图最大的一个县，辖5镇5乡，294个行政村，总人口13.9万，耕地面积33.8万亩，属国家扶贫开发工作重点县。建档立卡贫困村173个，贫困户18132户49272人，贫困发生率36.8%。经过几年的脱贫攻坚，到2018年底，完成了171个村的退出工作，贫困人口发生率下降至0.48%，目前已经顺利接受省级评估验收。

全国总工会于2015年开始定点扶贫壶关县。壶关县地处山西省东南部、太行山东南端，属典型的干石山区，版图面积1013平方公里，山地面积占版图面积的80%，辖5镇7乡1个办事处，390个行政村，总人口30万，其中农业人口26.4万，是国家扶贫开发重点县。壶关县共有贫困村286个，插花贫困村100个，建档立卡贫困户33285户79338人。

全总副主席、党组书记、书记处第一书记李玉赋考察全总扶持的易地扶贫搬迁后续产业基地

主要做法

一、发挥全总业务工作优势，在和顺县所有村庄推进"党建带工建、同心促脱贫"工作

和顺县属国定贫困县，也是农村劳动力转移输出大县。据统计，全县共有外出务工人员28131人，占农村劳动力总数的49%。其中，建档立卡贫困人员13290人，占外出务工人员总数的47%。这一群体由于长期外出，导致了三方面问题：一是村"两委"、帮扶人员与外出务工人员联系难。二是外出务工贫困人员对扶贫政策、帮扶措施知晓率不高，享受政策不充分，获得感低、满意度差。三是外出务工党员疏于管理，党员作用发挥不足；外出务工人员中的优秀分子得不到有效培养，村级组织队伍后继乏人。

按照习近平总书记"精准扶贫、精准脱贫要做到不漏一户、不落一

全总副主席、党组成员、书记处书记阎京华慰问贫困户

人"的指示要求和习近平总书记同全总新一届领导班子集体谈话时指出的构建联系广泛、服务职工的工会工作体系，最大限度把农民工吸收到工会中来的要求，全国总工会与和顺县委、县政府围绕提高外出务工农民组织化、提高帮扶工作精准度进行了积极探索，在试点的基础上，成立乡镇工会联合会村级工作组286个，有25437名外出务工人员加入了工会组织。

村工会工作组的工作载体主要是"一平台、四台账"。"一平台"：借助现代信息技术手段，依托乡镇工会联合会村级工作组建立了微信群服务平台。"四台账"：建立了外出务工人员党建台账、信息登记台账、帮扶服务台账、工资收入台账。服务内容主要是为外出务工人员提供创业就业培训服务、信息咨询服务、权益维护服务、困难帮扶服务、资金奖补服务"五项服务"。

经过一年的运行，取得了很好的效果。一是基层党组织的凝聚力明显增强，促进党员管理和后备党员干部人才培养。成立256个外出务工人员村级党小组，联系流动党员1478人，流动党员联系外出务工人员7637人，吸引了一大批外出务工优秀人才向组织靠拢。396名外出务工人员提交了入党申请书，98人被培养为入党积极分子。二是基层工会的吸引力明显增强，促进了和谐劳资关系构建。依托乡镇工会联合会村级工作组这个

"主心骨"，外出务工人员积极维护自己的合法权益，促进了和谐劳资关系的构建，增强了外出务工人员对党的感情、对国家大政方针的拥护。三是贫困家庭的内生动力明显增强，促进了劳务经济发展。在就业培训服务、随迁子女就学、留守老人照顾、妇女两癌筛查、惠农政策宣传、社会兜底救助等方面，有针对性地帮助外出务工人员解决家庭实际困难，有效激发了外出务工贫困家庭脱贫致富的内生动力。四是贫困群众的获得感明显增强，促进了群众满意度的提升。加入工会组织后，外出务工人员不仅增强了身份的自豪感，也能够充分享受到作为工会会员的各项帮扶政策，极大地增强了外出务工人员的获得感，提高了他们对脱贫攻坚工作的满意度，进一步夯实了党在农村执政的基础。全总党组书记、副主席、书记处第一书记李玉赋同志在2018年11月30日到和顺县考察调研时对这项工作给予了充分肯定。

二、围绕和顺县易地扶贫搬迁这项脱贫攻坚中心工作，大力推进后续产业建设

和顺县委、县政府在充分尊重民意的基础上，对6个乡镇41个村实施易地扶贫整村搬迁，涉及1833户4931人。新建了总面积为16万平方米的两个集中安置小区，其中住宅楼44栋，公用设施楼13栋。为真正实现搬得出、稳得住、能致富这一目标，全总驻和顺扶贫工作队充分认识到这

全总党组成员、书记处书记、组织部部长张茂华考察中草药种植情况

全总驻和顺扶贫工作队的同志们在研究党建带工建、同心促脱贫的具体工作

是全县脱贫攻坚重中之重的工作，关系到和顺县2018年能否顺利脱贫"摘帽"。为此，扶贫工作队强力推进后续产业建设和相关工作。

一是投资150万元参与建设了易地扶贫搬迁菌菇产业园区。建成菌菇大棚1600个，实现了有劳动能力的1355户搬迁对象户均一个菌菇大棚，购置菌棒免费发放给贫困户，实现户均增收3000元。二是投入100万元参与建设扶贫车间就业基地。在两个集中安置点开工建设了服装、刺绣、仿真花扶贫车间4830平方米，目前已有13家企业入驻，提供就业岗位726个，户均年增收1万元。三是投入50万元对贫困户进行生产技能培训，很好地解决了贫困户普遍存在的缺少技术的问题，为就业增收打下了基础。四是筹划在两个易地扶贫搬迁安置点建立工会组织，把农业产业工人发展为工会会员，做好生产技术培训、职业介绍、职工服务和维权等工作。一系列工作保障了易地扶贫搬迁的村民搬得出、稳得住、能致富。

三、在壶关重点推进产业扶贫，"全总连翘"连民心

全总定点帮扶壶关县以来，扶贫工作队经实地调研并多方征求意见，开始实施"全总连翘"帮扶项目。根据各村地形实际和群众需求，扶贫队确定"扶贫+绿化""扶贫+景观""扶贫+中药""扶贫+农户"等模式，通过提供种苗、补贴工时费、支持合作社等形式推进"全总连翘"扶贫项目。贫困户平均每户补贴种植两亩；当年种植，直领补贴；大苗次年收益，小苗二至三年收益；一次种植，多年收益。

2017年清明期间试种1000亩，成活率在99%以上，得到群众认可。扶贫工作队进一步细化核定补贴标准，规范管理流程，根据连翘种植一年两季的特点，推出"全总连翘"扶贫系列项目，在符合条件的乡镇大力推广，2017年共种植超过1万亩，2018年又增加种植连翘1万亩。两年来，"全总连翘"项目累计投入资金500余万元，人工种植面积达到2.2万亩，覆盖100余个贫困村，带动3000余名贫困人口增收。2018年，全总又支持6家合作社建立了连翘加工厂，并促成天津中新药业与壶关县政府签订中药材收购战略合作协议，进一步挖掘连翘附加值，做大连翘产业。"全总连翘"成为壶关老百姓心里最靓丽的扶贫项目。

四、智志双扶添动力，为稳定脱贫打好基础

全总扶贫工作队加大扶志扶智工作力度，为壶关县脱贫攻坚增添不竭动力。

全总驻壶关扶贫工作队的同志们在援建的航天果蔬示范基地

推进教育扶贫。全总扶贫工作队每年至少开展一次支教助教活动，2018年为县乡学校捐赠了近50万元的物资，联系浙江名校教师开展了送教活动，组织北京师大优秀学生开展了支教活动。村里有些贫困户没有劳动能力，家庭没有多少收入，孩子想放弃上大学出去打工，扶贫工作队积极为他们出主意、想办法，帮助他们申请了"雨露计划"，办理了助学贷款，并筹集社会资金设立了"水池村教育基金"，支持全村12名贫困大学生完成学业。

推进文化扶贫。2018年，全总文工团为全县人民奉献了两场高水平的慰问演出，利用工人出版社的资源，配备了多个职工书屋示范点。支持各贫困村加强乡村文明建设，提升文明素养。五龙山乡水池村在帮扶干部的鼓励下，成立了广场舞协会，每天村民在村委大院里跳舞，扶贫队员给他们播放教学视频，村民由四五个人逐渐增加到五六十人，还分成了老年队、青年队。扶贫队员又给他们争取了活动经费，统一买了服装，经常搞排练表演。晚上，村文化广场大灯一亮，音乐一响，就开始了"小苹果、蹦嚓嚓"。随后，"水池之声"合唱团成立了，老百姓走在大街上也哼着小曲；乒乓球协会成立了，村委大院经常搞比赛；读书会成立了，利用全总配备的图书室，开展"全家阅读、书香水池"活动，青年人从麻将桌上转到了书桌上；举办"重阳节孝亲敬老""三八文艺演出""夸夸我家人""征集水池名言""清洁家园、雏鹰行动""清明新风、鲜花祭祀"等活动，评选"好媳妇好儿女好公婆""水池劳模""水池致富能手"，开设"水池大讲堂""水池大舞台"，举办少儿美术免费培训班，建立公众号和微信群，全方位培育和践行社会主义核心价值观，老百姓提振了精气神，全村变得风清气朗。

启　示

一是定点扶贫要融入地方脱贫攻坚中心工作，助力重点项目建设实施。易地扶贫搬迁是脱贫攻坚的"头号工程"和标志性工程。我们根据和

壶关县水池村驻村第一书记夏成方与村民聊家常

顺县安排41个贫困村近5000名村民实行整体易地扶贫搬迁的计划，积极主动推进配套的菌菇产业园区和扶贫车间就业基地建设，为易地搬迁的扶贫户提供就业岗位，并对贫困户进行生产技能培训，有力促进了易地扶贫搬迁这项艰巨工程的顺利实施。

二是挂职干部要充分发挥所在部委业务优势，创造性开展工作。习近平总书记同全总新一届领导班子集体谈话时指出要构建联系广泛、服务职工的工会工作体系，最大限度把农民工吸收到工会中来。作为全总扶贫工作队，我们积极探索提高外出务工人员组织化、提高帮扶工作精准度。按照"党建带工建，同心促脱贫"的思路，在农村全面组建工会组织，延伸了工会组织服务农民工的服务手臂，丰富了党组织联系群众的内涵，创新了工会基层组织建设，探索了通过工会工作促进脱贫攻坚的新模式。

三是脱贫攻坚要借外力，增内力，聚合力。在利用好扶贫工作队、第一书记等相关资源基础上，善于调动本地干部工作积极性，挖掘乡土人才，支撑村庄治理、产业发展、自主创业等方面工作的开展。特别是要激发内生动力，通过有效的文化宣传教育，并辅以必要的政策推动、机制调动等举措，才能真正使群众产生"我要脱贫、我要上进"的积极性，各项工作才能快速推进。

　　四是脱贫攻坚必须重视提高文明素质。扶贫既要富口袋，也要富脑袋。脱贫攻坚不能只抓硬指标，必须同时抓好群众的思想宣传教育和文化生活，以文化滋养群众，提高村民综合素质，而村民快速提高的文明素质又将有利于推动中心工作的开展。各项宣传教育活动的形式，既要让群众易于接受，更要让群众乐于参与，让群众成为乡风文明建设的主角，让乡村文化活动成为群众生活中必不可少的一部分，使教育成果更为有效、更为持久。

"五进"惠万家　"三色"满天霞

——团中央定点帮扶石楼县、灵丘县纪实

背景导读

2016年5月，共青团中央开始定点帮扶山西省石楼县。石楼县是红色革命老区，是红军东征的首战地，也是毛泽东同志著名词章《沁园春·雪》的创作地，是国家扶贫开发重点县，是山西省委、省政府确定的深度贫困县。石楼县地处吕梁山区，人少地多，农作物主要以玉米、谷子、豆类、薯类等杂粮为主。县里无工业污染，丰富优质的小米、红薯、蜂蜜、红枣、核桃等农副产品属于无污染、无公害、无农药的接近有机绿色品质的上佳食材。

1998年，团中央开始定点帮扶灵丘县，灵丘县是八路军抗日第一战——平型关战役的发生地。团中央共派出16批扶贫工作队73名干部接力工作。灵丘县地处山西省东北部、大同市东南端，辖12个乡镇、255个行政村，总人口24万。1991年灵丘被确定为国家级贫困县，2011年被列入燕山—太行山集中连片扶贫开发重点县。全县共有贫困村124个、贫困户16313户、贫困人口42001人。

全国农展馆开展石楼农副产品消费扶贫"五进"启动仪式

主要做法

一、"五进"惠万家

基于石楼县群众手有余粮总犯愁，身困小米"金山"常叹息的尴尬局面，团中央书记处和扶贫工作领导小组于2018年8月24日召开会议，率先发起"消费促扶贫、消费拉产业"的针对性举措，同时号召直属单位"在工会福利、国际交流、后勤保障、公益捐赠等项目中开展消费扶贫，优先购买定点扶贫县特色农产品；同时动员学校、机关、企事业单位参与消费扶贫"。

决策既下，驻石楼县扶贫工作队迅速行动，通过团中央有关部门的支持，及时联系对接了"中国蜂产业协会"和"中国饭店协会"以及中国蜂产业协会旗下的北京同仁堂蜂业有限公司和中国饭店协会火锅专业委员会，以期共同整合资源渠道优势推动消费扶贫。

经过半个月的紧急筹备，9月13日，团中央驻石楼县扶贫工作队，石楼县委、县政府共同在北京全国农业展览馆一号馆主办了"2018山西石楼生态农产品送健康'五进'（进机关、进学校、进企业、进社区、进市场）帮扶活动"启动仪式，拉开了石楼县农副产品消费扶贫"五进"帮扶活动序幕。

启动仪式上，现场销售小米6000斤，蜂蜜2000斤，完成销售金额7.6万元。石楼县政府与北京同仁堂蜂业有限公司、北京二十一世纪饭店、中国邮政集团公司山西省分公司市场营销部分别签订了战略合作协议。北京同仁堂蜂业有限公司将以长期技术帮扶和收购合格产品为主，将石楼县作为蜂产品供应示范基地；北京二十一世纪饭店将长期直购石楼县的农产品作为饭店食材为基础，后续将向国外消费者推荐；中国邮政集团公司山西省分公司将提供价格最低的物流保障体系，为石楼县的"五进"消费帮扶活动保驾护航。

紧接着，团中央机关食堂率先认购了石楼的小米、红薯、辣椒等农产品；中国少年儿童新闻出版总社订购了630份小米、蜂蜜，作为职工中秋

石楼县农副产品参加中国饭店协会火锅专业委员会展览

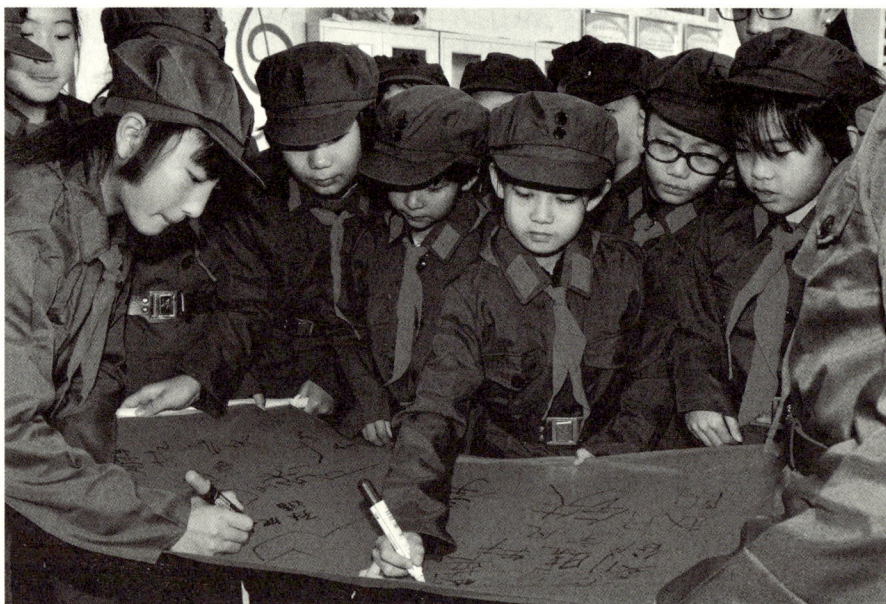
贫困山区的孩子们参加"红色研学"活动,在队旗上签字

节福利发放,并签订了40万的销售合同;山西碧桂园公司有关负责同志为"五进"消费帮扶一事专程赶到石楼县与工作队对接,选农货、挑品种,认购了1000余份小米和300多份蜂蜜,作为职工福利发放,并决定帮扶销售3吨蜂蜜。

在团中央驻石楼县扶贫工作队的心里,"五进"活动不是花架子,而是实实在在的帮扶,更不是一锤子买卖,而是要通过消费帮扶,尽可能地拉动石楼县的农产品产业规范化和整个产业链的良性发展。

初见成效,再接再厉。当得知2018年11月26日"牧歌杯"第五届中国(北京)火锅食材用品展销会要在北京国展中心举办,团中央驻石楼县扶贫工作队与中国饭店协会火锅专业委员会秘书处大力协调,最终得到了中国饭店协会火锅专业委员会的全方位支持。本次展会,火锅专业委员会为石楼县所有的参展企业免费提供价值20余万元的黄金展位,成功促成了石楼县多家农副产品企业参加展销会。

此次展销会上,石楼县参展企业在展区内积极推介。参展的产品有依据古法腌制的辣椒酱、零添加剂的西红柿酱、传统手工空心挂面、口味甘甜的各类黄河滩红薯、含有丰富微量元素和各类氨基酸的小米以及豆类杂粮等40余种绿色、生态、健康的特色农产品。参展企业通过现场制作、加工，以直观的传统蒸、煮方式展示了石楼县绿色农副产品的优良品质，吸引了众多市民纷纷驻足品鉴、扫码、采购。现场销售额达75.6万元，其中包括大礼包2000份，小米3.5万斤，红薯10万斤。石楼县参展企业现场也与众多客户达成产品销售意向，与北京湘鄂餐饮管理有限公司、北京福口居公司等全国近40家企业，洽谈了合作发展意向。

在展销会之后的"牧歌杯"全国火锅业2018年度总结大会上，中国饭店协会火锅专业委员会会长和秘书长从协会角度表明了协会非常愿意参与扶贫帮扶活动，向与会企业介绍了国家扶贫工作的重要意义和国家打赢脱贫攻坚战的决心，并号召旗下企业参与到扶贫工作中来。团中央驻石楼县扶贫工作队队长孟利现场向火锅专业委员会旗下200多家企业推介了石楼县各种农副产品，邀请大家到石楼县实地调研考察。

此次推介得到了中国饭店协会火锅专业委员会旗下众多企业的支持，现场订购农产品373万余元。协会表示随后将前往石楼县进行实地调研，以石楼县优质的农副产品为基础，共同合作推进消费扶贫。

二、"三色"满天霞

团中央第十六批驻灵丘扶贫工作队自2017年2月开始驻县工作，他们

新建成的月亮湾千亩有机苹果观光示范园

宫永生、段润花夫妇在整理大棚收获的新鲜蔬菜

按照书记处的指示精神，在过去工作的基础上，经过深入调研，确定了进一步发挥团组织优势，围绕当地实际，做好"红、绿、蓝"三篇文章，以产业扶贫带动脱贫攻坚的工作思路。

1.红色引领：建设实践基地，讲好红色故事

红色是革命的底色。习近平总书记有着深深的老区情怀，多次强调脱贫攻坚不忘革命老区。

灵丘是抗日战争史上著名的"平型关大捷"发生地。灵丘要脱贫致富，首要用好自身红色资源，讲好红色故事，发展红色产业。

扶贫工作队深挖当地红色资源，成功争取到首批"全国中小学生研学实践教育基地"。在此基础上，扶贫工作队找到研学与当地实际的结合点，精心开发系列课程，主题内容包括"结识伙伴在灵丘""红色精神有传承""军旅生活真体验""爱心扶贫乡村行"等。扶贫工作队找到研学与精准扶贫的结合点，培训农村贫困学生做"小导师"，既勤工俭学又锻炼能力；学员到贫困老乡家中体验生活，贫困户通过接待直接增收。工作队找到研学与市场的结合点，通过市场化手段，吸引研学旅行机构开通平

型关路线；依托全国学校共青团资源，与各地中小学校合作，推荐灵丘为研学实践目的地。2018年暑期，工作队直接组织11批外地学生研学团，受此带动，到基地参观学习的学生超过2万名。红色研学行业发展崭露头角，成为脱贫致富新的增长点。

2.绿色发展：守护绿水青山，挣得金山银山

绿色代表生机勃勃，是生产的颜色。习近平总书记强调"要把发展生产扶贫作为主攻方向"。灵丘山多地少，群山连绵，素有"九分山水一分田"之说。千百年来，农民与山争地，靠天吃饭，收入不稳，导致贫困。

要想算好脱贫账，必须用新技术改造老办法。工作队因地制宜、因村施策，建设不同类型的示范大棚。其中，在清泥涧村建设小型拱棚，投资少、见效快，每年增加两个月的种植期，可增收近万元。在燕家湾村建成"温室大棚"，面积是普通大棚的两三倍，采用滴灌、升温和光照技术，大幅提升产量节约成本，每棚每年可增收2.5万元。扶贫工作队还帮助引进新品种新技术，将矮化密植、水肥一体、自动滴灌这些最先进的农业技术引到县里，建成月亮湾千亩有机苹果观光示范园，一个项目解决四五个村的劳动力就业。这些农业示范项目，可以精准帮扶"建档立卡"贫困户154户贫困群众416名。

示范项目建起来，农产品还得卖出去。扶贫工作队整合全县零散电商资源，帮助申请了2017年国家级电子商务进农村综合示范县，获得2000万元专项支持。新建灵丘电商服务中心、物流分拣中心、特色产品展销中心、电商创业孵化中心等，架起农产品走出去的"电商桥"。

和农产品一样，灵丘秀美的自然风光也搭上电商快车，网上全媒体宣传推广，网下开设旅游体验馆，灵丘"山水特色城镇"的名气越来越响。

3.蓝色腾飞：坚持志智双扶，放飞蓝天梦想

蓝色是天空的颜色，也是梦想的颜色。"扶贫先扶志""扶贫必扶智"，习近平总书记强调，"把贫困地区孩子培养出来，这是根本的扶贫之策"。

扶贫工作队发现，与城市孩子相比，农村孩子的短板是眼界和见识，

孩子们学习用3D打印将想象变成现实的作品

农村青少年课外科技创新教育几乎是空白。扶贫工作队要改变现状，让孩子们接触最前沿的科技创新教育。经过不懈努力，2018年4月，扶贫工作队建成了国内领先的"青年之家"，总面积达5000余平方米。在创新教室，孩子们可以用3D打印将想象变成现实；在虚拟现实教室，孩子们足不出户却可置身万物之中。看到孩子们上课时兴奋的情形，扶贫工作队员最开心，孩子们透过这小小一扇窗，可以看到外面的世界，点燃梦想，激发改变的力量。

扶贫工作队还将县里22所中学分别与北京一所大学和一所中学建立"手拉手"结对帮扶关系，以提升教育水平。一个孩子考出去，一个家庭就有了希望。

除了学生，针对青年创业学习的强烈需求，工作队开设"青年夜校"，累计培训50多期逾8000人次。每年组织党政干部扶贫专题培训班，"走出去"到先进地区学习。坚持"志智双扶"，坚定脱贫发展的希望。

启　示

彰显高度的政治站位，以习近平总书记关于扶贫工作的重要论述精神为指导，牢记党中央的嘱托，践行扶贫使命，充分发挥共青团系统的优势，通过团组织广泛联系资源帮助县里发展产业，拓宽各行业的消费扶贫渠道。在教育扶贫领域久久为功，"扶贫扶志""扶贫扶智"，为灵丘县脱贫和长远发展打下坚实基础。

深挖当地特色，紧密结合地方政府，从农副产品的品牌、价格、包装、质量、数量、品质、物流运输等方面统筹安排、把控，不能肥了个别企业，亏了群众。实现消费扶贫的精准实施和落地。紧密结合县域实际情况开展工作，做足"平型关大捷"的红色旅游文章，通过市场化手段培育脱贫致富的新行业。

注重精准帮扶，细致掌握贫困户需求，合理设计产业扶贫项目，"输血"与"造血"相结合，带动贫困群众脱贫致富。

科技为贫困地区产业发展插上腾飞的翅膀
—— 中国科协定点帮扶临县、岚县纪实

背景导读

中国科协自1985年赴吕梁开展科技扶贫迄今已有33年，一批批的扶贫工作队成员把奉献和真情写在吕梁的大地上，凝心聚力，帮助吕梁地区产业借助科技的力量加快发展。2018年，中国科协驻山西临县、岚县扶贫工作队深入贯彻十九大精神和习近平总书记视察山西重要讲话精神，按照中国科协党组、书记处对扶贫工作的系列部署，紧紧围绕《中国科协科技助力山西省临县精准脱贫规划（2017—2019年）》《中国科协科技助力山西省岚县精准脱贫规划（2017—2019年）》确定的目标任务，助推临县、岚县打赢脱贫攻坚战，圆满完成了2018年中国科协定点扶贫责任书中规定的各项任务。

临县位于山西省西部，是首批国定贫困县、吕梁山集中连片特困地区县、山西省最大的贫困县。全县总面积2979平方公里，总人口65.35万，面积和人口均居山西省第二位。2016年，全县贫困村有333个，贫困户51598户，贫困人口123042人，贫困人口占山西省的近十分之一，吕梁地

中国科协常务副主席、党组书记、书记处第一书记怀进鹏慰问临县贫困户

区的三分之一。2017年，全县贫困村有246个、贫困户39094户、贫困人口90448人。2018年，全县贫困村有136个、贫困户22551户、贫困人口48626人，贫困发生率7.44%。

岚县位于山西省西北部，吕梁山北端，辖4镇8乡1个城管委，167个行政村、336个自然村，总面积1512平方公里，总人口18万，其中农业人口15.4万。岚县是吕梁山集中连片特困地区、国家扶贫开发工作重点县，2018年拟退出贫困县。截至2017年底，全县共有贫困村55个，占行政村总数的32.9%；贫困人口2.1万，占农业人口的13.6%；农民人均可支配收入5064元，脱贫攻坚任务仍很艰巨。

主要做法

一、做好科技扶贫顶层设计，加强定点扶贫工作力量

2018年，中国科协党组书记处4名领导先后6人次亲临定点扶贫现场调研和督导定点扶贫工作，党组书记怀进鹏同志先后两次赴定点扶贫县和吕梁市，推动落实中央单位定点扶贫工作责任；签署中国科协与山西省政

中国科协副主席、书记处书记孟庆海调研临县科普e站建设

府、吕梁市政府合作协议，将定点扶贫纳入省会、市会战略合作框架中，开创了定点扶贫新局面。几位领导与定点扶贫县领导班子一同谋划工作，帮助定点扶贫县进一步理清发展思路、更新理念，促进定点扶贫工作与定点扶贫县脱贫攻坚规划及计划的衔接，明确中国科协定点扶贫年度工作任务和项目安排，督促定点扶贫县党委政府脱贫攻坚主体责任落实、扶贫政策落实、资金管理使用和作风建设的落实，有力推动了工作的实施。

二、签署省会、市会合作协议，开创联合协同的定点扶贫新局面

为贯彻落实习近平总书记视察山西重要讲话精神，结合山西省、吕梁市需求，2018年中国科协与山西省人民政府和吕梁市人民政府分别签署合作协议，明确了在吕梁开展贫困群众技能培训、扶持马铃薯等产业发展、组织医学专家开展义诊、举办"吕梁发展高端论坛"、支持吕梁市云计算大数据中心建设和吕梁学院发展、协助柔性引进首都医疗人才等脱贫攻坚举措，全力推进精准帮扶，助力吕梁市脱贫攻坚。围绕落实协议，中国科协陆续帮助临县成立了红枣院士专家工作站，帮助岚县成立了沙棘院士专家工作站，组织专家和科技工作者近千人次赴吕梁开展科技帮扶。

三、拓宽定点扶贫路子，促进定点扶贫县志智双升

一是积极帮助定点扶贫县引进资金和设备，全年共引入援建桥梁、修缮村党组织活动场所、援建青少年工作室、乡村规划、机器人设备等资金和设备，共计264.5万元；二是积极帮助销售农产品，全年中国科协共组织购买定点扶贫县的红枣、香菇、核桃、杂粮等农产品35万元，帮助销售定点扶贫县的红枣、核桃、蜂蜜、蜜饯等农产品4880万元；三是组织开展教育培训扶贫，组织开展中国流动科技馆临县巡展，来自全县29所中小学的1.5万名青少年参加；组织开展岚县"小手拉大手科普报告希望行活动"，超过1万人参加；组织开展中国科技馆夏令营、中学生高校科学营、科技辅导员培训班、科普中国校园e站骨干教师培训等活动，来自临县、岚县的近200名中小学生和科技教师代表参加；组织开展农业专业技术、医务技术、科技辅导等专题培训和考察，帮助定点扶贫县培训基层干部697人、技术人员2384人。四是组织开展基层党组织结对帮扶，中国科协机关党委认真研究制定《中国科协基层党组织与定点扶贫县贫困村（校）结对帮扶试点工作方案》，遴选了中国科技馆党委等9个基层党组织作为第一批试点单位，确定岚县3个贫困村和1所学校、临县4个贫困村和1所学

中国科协副主席、书记处书记孟庆海进村入户调研

中国科协党组成员、书记处书记宋军赴吕梁调研指导

校作为帮扶对象，开展结对帮扶工作。

四、突出科技支撑，在产业进村入户上下功夫

2018年，紧密围绕定点扶贫县特色产业发展、贫困户脱贫增收的实际需求，安排中央财政经费1637万元，预计全年将带动建档立卡贫困户5567户14137人脱贫。

——马铃薯新技术新品种示范推广成效显著。编制了《绿色马铃薯生产操作简明规程》，集中培训、实地指导，大力推广马铃薯产销一体化示范项目，对马铃薯种植、管理、销售等环节实行"六统一"。即：统一技术培训、统一品种优选、统一配方施肥、统一栽培管理、统一病虫害防治、统一产品回收，推动马铃薯产业向科学种植轨道迈进。通过马铃薯专业合作社带动建档立卡贫困户实施，树立优良马铃薯品种的标杆，平均亩产5000斤左右，预计全年将带动建档立卡贫困户3136户7472人脱贫。

——食用菌栽培新技术新品种推广取得初步成效。临县食用菌产业是在中国科协帮助下，从无到有、从小到大发展起来的。针对临县种植结构单一、传统种植效益不高、贫困群众致富门路不宽的实际，结合临县的气候特点和当地群众发展食用菌栽培的意愿，中国科协积极牵线搭桥，聘请吉林农大食用菌专家李玉院士对临县食用菌产业发展进行了整体规划，建立了院士专家服务站，开展专门的指导服务。院士团队研发生产的枣木菌棒含有人体需要的多种微量元素，深受市场欢迎，远销韩国。通过每年的经费扶持，目前，临县年生产菌棒能力达到1000万棒，是继红枣之后农民致富的又一农业支柱产业。预计2018年将带动两个县建档立卡贫困户506户1552人脱贫。

——红枣品种改良和新产品开发取得新进展。支持临县山西中鹰大红枣产业有限公司购置安装了全自动灌装设备以及超高温灭菌生产线，成功研发出枣花蜜面膜、红枣蜂蜡口红、红枣白酒黄酒枣饮等系列产品，利用高科技、高附加值产品替代传统产业的升级。预计2018年将带动临县建档立卡贫困户200户600人脱贫。

——支持拓展电商扶贫取得初步成效。支持临县人民政府、岚县人民政府与"吕梁山货"电商平台开展直播扶贫活动，分别与六间房直播、一直播、虎牙直播开展了直播平台走进吕梁活动，介绍临县红枣宴、岚县土豆节，采访临县养蜂基地、千年红枣林等活动，通过主播的实景介绍让全

六间房直播和一直播党组织向中国科协挂职第一书记所在村捐赠办公设备

中国公路学会向临县捐建桥梁仪式

国各地的粉丝认识到吕梁地区的农特产品的优点，通过电商带动销售。

启　示

切实履行定点扶贫各项任务和责任。加大投入力度，积极组织动员中国科协机关和直属单位、全国学会、社会力量支持参与定点扶贫工作，加大科技资源和科协服务向定点扶贫县倾斜。积极帮助定点扶贫县制订脱贫攻坚计划和乡村发展规划，把脱贫攻坚与乡村振兴有机结合。

搭建科技助力产业扶贫平台，促进定点扶贫县产业提质增效。充分发挥中国科协优势，依托全国学会组织和智力资源，聚焦定点扶贫县需求，搭建桥接平台，助力定点扶贫县特色产业提质增效。

以乡村规划引领定点扶贫县、乡、村振兴。准确研判吕梁定点扶贫县经济社会发展趋势和乡村演变发展态势，统筹城乡国土空间开发格局，优化乡村生产生活生态空间，打造乡村振兴示范样板，增强定点扶贫县群众的获得感、幸福感、安全感。

开展订单式培训，提升定点扶贫县干部群众技能素质。整合优化对接资源供给和基层需求，形成供给与需求双方共同认可的"订单"，实地开展针对性科技培训活动，增强培训的灵活性、针对性、实效性和群众参与的积极性，加快农民向着"有文化、懂技术、会经营"新型农民转变的步伐。

创新众扶众帮方式，拓展定点扶贫县脱贫路子。开展中国科协基层党组织与定点扶贫县村支部党建一对一帮扶活动。依托电商平台，开设"吕梁山货"电商平台扶贫馆，对定点扶贫县农特产品进行推广促销，支持定点扶贫县联合吕梁山集中连片特殊贫困地区的贫困县开展电商扶贫推介巡展系列活动，积极促进特色农产品销售。

统筹外事资源　搭平台助力老区"走出去"
注重精准施策　抓产业打好扶贫"组合拳"

——中国人民对外友好协会定点帮扶兴县纪实

背景导读

兴县位于山西省西北部、吕梁市北端，辖7镇10乡、376个行政村，30万人口，总面积3168平方公里。兴县是革命老区。抗日战争和解放战争时期，兴县是著名的晋绥边区（解放区）首府所在地，是八路军120师的主战场之一，是革命圣地延安的屏障和门户。2017年6月21日，习近平总书记视察山西第一站就来到兴县。兴县是资源富区。境内有煤炭、铝土矿、煤层气、含钾岩石等23种矿产资源。兴县又是特困地区。2001年被确定为全省35个国定贫困县之首；新10年扶贫开发，又被列为吕梁山区集中连片特困地区县；2017年被确定为全省10个深度贫困县之一。目前全县有贫困村102个、贫困户7465户、贫困人口18961人，贫困发生率7.1%。兴县是发展新区。以山西焦煤、中国华电、中国铝业为代表的大企业相继入驻，承载了煤电铝气材等大项目建设。

3年多来，中国人民对外友好协会始终高度重视帮扶工作，会长李小

李小林会长考察兴县电子商务公共服务中心

林同志两次到兴县调研视察，非常关心关注兴县的脱贫攻坚工作；充分发挥规格高、联系广、资源多的优势，全力支持兴县攻坚深度贫困；选派精兵强将到县挂职、驻村帮扶，把中央机关的优良作风和实干精神带到了基层一线，充分发挥了引领示范作用，为全县干部做出了榜样，定点扶贫工作取得较好成效。

主要做法

一、积极推动兴县"走出去"，提升长远发展能力

全国对外友协充分发挥对外交流合作资源多、渠道广的优势，引入国际帮扶力量，创新扶贫方式，积极协调法国人民援助会、法国依视路基金会等外国对华友好组织，以及顺丰集团、雅戈尔服饰、美国高通公司、联合技术公司、欧喜集团、VISA公司、康宝莱公司，英国阿斯利康公司等国内外知名企业支持帮扶兴县脱贫攻坚。2018年6月，全国对外友协与山西省政府在兴县举办中国（兴县）国际扶贫研讨会系列活动，来自16个国家

的160余位驻华使馆、国际组织、跨国企业等中外代表与会，9家中外知名国际组织、企业与兴县人民政府在教育、医疗、建筑、农业产业等领域进行务实合作，推动兴县"走出去"。

二、关心慰问贫困群体，将党的关怀直接传递到最基层

全国对外友协党组成员每次到兴县实地考察调研，走访慰问当地贫困群众是"必选动作"，挂职干部经常深入贫困户家中，与村民同吃、同住、同劳动、同生活。3年来，全国对外友协先后协调贝因美集团捐赠价值510万元奶粉，引入法国依视路基金会捐赠价值600万元眼镜，联合中国扶贫基金会、中国服装协会、宁波雅戈尔服饰有限公司捐赠价值500万元暖冬服装，引入美国VISA公司、英国阿斯利康公司捐赠价值75万元书包，引入美国高通公司捐赠价值201万元教学用电脑，协调荣宝斋天津分公司捐赠现金10万元用于助残助病助困，把党的关心爱护直接传递到贫困群体中，赢得贫困群众对党和国家扶贫政策的拥护。

三、精准实施扶贫项目，助力贫困群众早日脱贫

全国对外友协3年来实施的扶贫项目，从加强基础设施建设、改善村容村貌、提高贫困人口生活水平、兴建脱贫产业项目、开展消费扶贫、加强贫困学生教育帮扶、拓宽干部群众视野等方面提供了有力的支持帮助。

中国(兴县)国际扶贫研讨会在山西省兴县成功召开

中央纪委国家监委驻中央外办纪检监察组来村调研指导村"两委"建设

特别是针对重点帮扶的沙壕村，注重培育"造血"功能，投资200万元，建成年出栏生猪5000头的养殖场。注重改善民生，投资56万元实施了安全饮水工程，解决了沙壕村祖祖辈辈挑水吃的历史，村民第一次吃上了"干净卫生、拧开就有"的自来水；投资20万元实施了"村庄绿化"项目，让沙壕村的村容村貌得到了很大改观，从根本上提振了沙壕村民建设"美丽乡村"的信心和决心；协调乐施会（香港）北京办事处投资30万元实施了"一盏路灯，照亮乡居老年生活"项目，支持沙壕村建设安装76盏太阳能路灯，助力提升乡居生活品质。

四、加强基层党建工作，夯实贫困村发展政治基础

全国对外友协以定点帮扶沙壕村为着力点，两任第一书记身体力行，规范基层党组织建设，开展主题党日活动、重温入党誓词等，充分发挥沙壕村党员的先锋模范作用，以党建促进精准扶贫工作，赢得贫困群众的充分认可。全国对外友协办公厅党支部开展对口帮扶沙壕村党支部活动，动员50名党员群众为沙壕村贫困户捐款近20000元，为贫困户代表购买了电视、冰箱、洗衣机等日用品。2018年9月，选派部分党员代表赴沙壕村进

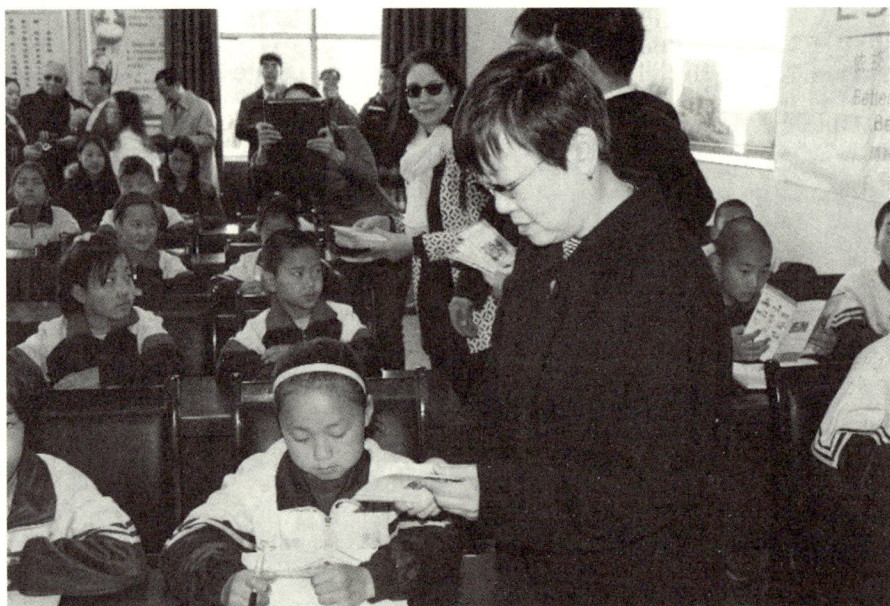
李小林会长为兴县贫困学子发放视力保护手册

行支部共建，与贫困户同吃、同住、同劳动，加深党群感情。

启　示

一是要精准调研，充分找准派出单位资源优势与当地产业发展思路的契合点。贫困人口摆脱贫困的最终落脚点在于有稳定的就业渠道和可预期的稳定收入。发展产业，实现产业兴旺是摆脱贫困的有效保障。因此，帮助当地发展产业也应作为结对帮扶单位的首要任务。首先要调研分析当地产业链重心，围绕重心做工作，确保"帮忙不添乱"。其次要找准制约当地产业发展的关键点位，结合自身单位资源优势，逐一打通，确保"好钢用在刀刃上"。最后要着眼长远建机制，巩固现有产业优势，实现做大做强做优。

二是要精准派人，充分找准挂职干部个人特长与结对单位相对弱项结合点。因地派人、因岗派人要实现精准，比如针对集体经济薄弱、组织软弱涣散、信访问题突出、少数民族聚居等，做到靶向选派、精准派人。通过与群众同吃、同住、同劳动，一块干、一块苦、一块过，发动、组织、引领群众，为他们培养"主心骨"和"带头人"，逐步补齐短板，实现脱贫致富。

三是要精准帮扶，着力建设一支充满内生动力的带头人队伍。民心在于凝聚、民智在于汇集、民意在于引导，每个村如果能有一至两个坚定的领路人，则脱贫致富可期、乡村振兴可期。帮扶的最终目的应该是建设一支年富力强、公信度高、敢于担当作为的带头人队伍，悉心培养想干事、能干事、干成事、不出事的村"两委"主干，通过他们引导村"两委"班子，进而带动全体村民共同努力，亲手建造属于自己的美丽家园。

全国对外友协办公厅党支部与沙壕村党支部开展支部共建主题党日活动

中国人民对外友好协会机关党委、机关纪委走进驻村帮扶联系点蔡家崖乡沙壕村慰问贫困户、老党员

助力脱贫攻坚 让老区人民过上幸福生活

——中国外文出版发行事业局定点帮扶左权县纪实

背景导读

左权县是以抗战时期牺牲于此的左权将军英名命名的革命老区，属于国家扶贫开发重点县，位于山西省东部，太行山山脊中段，全县边境周长271公里，总面积2028平方公里，辖10个乡镇，1个城区，1个开发区，204个行政村，总人口16万，境内山多地少，素有"八山一水一分田"之称。2014年全县建档立卡贫困村129个，贫困人口50283人。截至2018年12月，已累计退出127个贫困村，脱贫18700户

中国外文局召开定点扶贫工作推进会

中国外文局每年为左权县举办中青年干部培训班

49165人，还有贫困村2个、贫困户220户421人，贫困发生率由2014年的40.7%下降至0.32%，超过国定贫困县退出的标准，已申请脱贫"摘帽"。

中国外文出版发行事业局是中央直属事业单位，承担党和国家对外宣传任务。2002年，中国外文局与左权县建立定点扶贫关系。结对16年来，双方站在全面建成小康社会的战略高度，以习近平新时代中国特色社会主义思想为指引，把打赢脱贫攻坚战作为最大政治任务和责任担当，聚焦脱贫、精准施策、合力攻坚，有力推动左权县脱贫攻坚取得决定性进展。

主要做法

一、领导高度重视，把定点扶贫作为政治任务

中国外文局高度重视定点扶贫工作，对左权县发展高度关注、全力支持。特别是党的十八大以来，以习近平同志为核心的党中央做出精准扶贫、精准脱贫的决策部署后，中国外文局对左权县脱贫攻坚工作既投入真情实感，又投入真金白银。无论是挂职扶贫干部选派还是资金支持，都竭尽所能，关心支持的态度、力度、范围、效果前所未有。局务会每月研究

中国外文局向左权县委捐赠党建扶贫资金

定点扶贫工作，先后选派11批30名优秀青年干部挂职扶贫，研究制定帮扶工作方案，跟踪扶贫项目进展，建立完善扶贫工作机制，集全局之力开展对口帮扶。局领导班子成员每年至少带队赴左权县开展实地调研督导一次，一方面督促左权县党委、政府认真落实党中央、国务院关于脱贫攻坚的各项决策部署，加强领导、加大力度、完善机制，承担好脱贫攻坚主体责任，及时发现和纠正扶贫工作中存在的突出问题，确保按时保质保量完成脱贫目标；另一方面，通过实地调研考察，深入了解左权县脱贫攻坚的实际需求，结合当地实际研究确定帮扶思路、工作重点和扶贫项目，发挥优势，协调社会资源，助力左权县脱贫攻坚，帮助当地群众改善生活。仅2017年，中国外文局为左权县直接投入和引进各类扶贫项目及资金870余万元，一批光伏、旱鸭养殖等产业扶贫项目取得了实际成效。通过多年实践，中国外文局已经形成了以党建扶贫、挂职扶贫、文化扶贫、智力扶贫、宣传扶贫、产业扶贫、利用社会资源扶贫为特色的定点帮扶模式，为左权县脱贫攻坚发挥了助推作用。

二、开展党建扶贫，激发脱贫内生动力

中国外文局重视发挥党的建设在脱贫攻坚中的战斗堡垒作用和共产党员先锋模范作用，持续关注左权县基层党组织特别是贫困村的党建工作，努力把党建优势转化为扶贫优势、发展优势，发挥党员干部的引领带动作用。从2005年开始，累计投入460余万元，连续为左权县举办14期北京中青年干部培训班，培训干部达630余人，其中400多名已走上领导岗位，帮助左权县党员干部骨干开阔视野，提升履职能力，为打赢脱贫攻坚战发挥重要作用。2018年，中国外文局出资40万元，设立了左权县建强基层党组织专项资金，重点用于培训贫困村党支部书记和党员致富带头人，补助村级党组织活动场所建设，助力农村党支部标准化、规范化建设，扩大党建引领扶贫的覆盖面。通过帮扶，基层党组织的政治功能、服务职能和带动作用正在逐步显现。定点帮扶的左权县寒王乡里长村获评左权县基层党建标准化样板，该村党支部书记宋向林获评山西省"最美村官"。

三、积极捐书助学，促进文化教育事业发展

中国外文局是新闻出版单位，在文化教育上具有先天优势，在定点扶贫中积极开展文化扶贫和智力扶贫，阻断贫困代际传递。先后在左权三中、思源学校、西关小学捐建3所"复兴书屋"，累计捐赠图书10余万

中国外文局给左权县投资出版的宣传画册和书籍

中国外文局落实"消费扶贫"在机关食堂举办左权县农副产品展销

册。针对左权县英语教育师资不足且专业技能欠缺的问题，连续开展左权县中学英语教师培训，聘请中学英语教材的编写者对全县所有英语教师开展专题培训，有力提升了英语教师的专业水平和教学水平。自2016年开始，中国外文局出资48万余元，资助考取本科二批B类以上学校的贫困大学生119名，直至完成学业；与此同时，还积极争取辽宁盘锦士林集团每年资助左权县建档立卡贫困小学生100人。中国外文局积极协调腾讯公司投资400万元，在左权县思源学校启动了"腾讯智慧校园"项目，大力改善了左权县教育信息化发展环境。这些实实在在的帮扶举措有力有效促进了左权县的文教事业发展，让老区更多的贫困学生上起学、上好学，享受更优质的教育。

四、发挥行业优势，全面对外宣传推介左权县

中国外文局是党和国家对外宣传工作的国家队和主力军，在定点扶贫工作中，充分发挥对外宣传的独特优势，利用书刊网等对外传播语种多、媒体多、业态多的特点，每年派出专业记者队伍深入左权县采访，并协调中央其他新闻媒体单位，以专刊、专栏、专稿等形式，全方位报道左权县的红色旅游资源、脱贫攻坚举措、经验和成绩，大力开展左权县的宣传报道工作，扩大知名度和影响力，在国内外产生良好反响。发挥外宣出版优势，组织专业出版社编辑出版《红色左权》《小花戏》《走进左权》《太行奶娘》《左权印象》等画册和图书。《中国扶贫》杂志2017年两次报道左权县扶贫工作有关情况，中国外文局定点帮扶左权县的经验收录于《2017中国反贫困发展报告》，左权县移民搬迁工作收录于首届"中国与南南合作：以发展促人权"图片展，成为全国脱贫攻坚和世界减贫先进典型案例。在中国网首页开设了左权县专题频道，协同中国发展网、中国扶贫在线网开设了"左权县农副产品展示专区"，有效拓宽了左权县农副产品销售渠道，助力推动左权县经济社会发展。

五、做实产业扶贫，提升贫困群众脱贫增收能力

中国外文局在定点扶贫工作中始终坚持精准方略，做到精准识别、精准帮扶、精准管理，因人因地施策、因致贫原因施策，努力发展符合当地实际的产业，带动和促进贫困村、贫困户增收，力争打造国家级贫困县脱贫攻坚新样板。近年来，中国外文局已实施2批10余个重点产业扶贫项目，累计投入113余万元，带动贫困村产业发展和贫困户增收。如：投资23万余元，在寒王乡段峪村、里长村帮助建设100千瓦光伏发电项目已经投产，实现了这两个村的集体经济收入破零，带动贫困人口200余人稳定脱贫增收。投资30万元，在石匣乡大林、林河、竹宁、店上、下交、赵家庄6个村帮助建设200亩现代化拱棚，引领贫困户发展特色农业，已实现销售收入70余万元，带动了26户贫困户增收脱贫，成为引领石匣乡发展蔬菜种植产业、带动贫困户脱贫增收的主力项目。投资30万元，在石匣乡姜家庄村发展肉牛养殖，扶持村集体经济发展，促进村民增收。投资30余万元，在寒王乡里长村帮助建设旱鸭养殖项目，建成3座高标准耐用型鸭棚，装配全套自动化专业设备，直接带动15户贫困户脱贫增收，解决当地9名劳动力就业，已出栏10批旱鸭，收入16万元，实现了村集体经济收入破零，引领带动了其他贫困村发展旱鸭养殖产业的积极性。

中国外文局发挥行业联系面广、社会资源多等优势，为左权县开展多

中国外文局给左权县寒王乡里长村投资建设的旱鸭养殖扶贫产业项目

方面帮扶。如：消费扶贫方面，连续举办了左权县农特产品展销会，累计采购、帮助销售农特产品近50万元；医疗服务方面，邀请安贞医院等7家北京知名医院的25名专家赴左权县义诊，无偿发放药品和保健品；交通扶贫方面，积极协调中国铁路总公司为左权县筹建客运铁路提供帮助；劳动就业方面，协调国内大型物业服务管理企业招收左权县贫困劳动力，开展"订单式"技能培训和就业一条龙服务，实现"劳务输出一人，脱贫致富一家"。

启　示

　　做强特色产业是脱贫致富的关键所在。产业支撑乏力是贫困地区脱贫致富的重要障碍之一，发展特色产业是"造血式"扶贫的重要举措。中国外文局定点帮扶左权县的实践说明，结合地域特色、群众意愿，因地制宜发展特色产业，不仅能够带动农民致富增收，还能够引领当地产业发展，真正做到了精准滴灌、靶向治疗。

增强农民致富本领是拔掉"穷根"的治本之策。"授人以鱼,不如授人以渔"。对农村来讲,脱贫容易致富难,要在脱贫的基础上推进乡村振兴战略,必须把培养农村致富带头人作为一项战略任务。中国外文局在帮扶实践中,通过党建扶贫、智力扶贫、教育扶贫,为左权县建强基层组织、培养积累骨干人才,做到扶贫先扶志、扶智,发挥带头人的带动作用,说明提升农民自身的脱贫致富能力十分重要。

完善长效机制是做好定点扶贫工作的重要保证。16年来,在中国外文局与左权县的定点帮扶实践中,探索建立并形成了多种工作机制,包括组织领导机制、挂职扶贫机制、产业帮扶机制、消费扶贫机制、资金管理机制、沟通联系机制等,这些既是定点扶贫工作实践经验的总结,更是进一步做好定点扶贫工作、助力乡村振兴战略的重要保证,根据实践需要不断完善、探索创新、长期坚持,为做好定点帮扶工作提供机制保障。

把脉问诊治"穷根"　精准施策摘"贫帽"

——国家中医药管理局定点帮扶五寨县纪实

背景导读

五寨县地处晋西北黄土高原，全县总面积1391.3平方公里，辖3镇9乡，原有250个行政村，整村搬迁109个行政村，新建制2个行政村，保留143个行政村。全县总人口11.3万，耕地总面积74.5万亩，林木绿化率42.5%，是典型的传统农业县、国家级生态示范区、国家级卫生县城、中国甜糯玉米之乡。五寨县是国家扶贫开发工作重点县，共有贫困村161个，建档立卡贫困人口14192户32717人。截至2018年11月25日，全县已脱贫人口32256人，有461人未脱贫，贫困发生率0.51%。2018年前三季度，全县农村居民人均可支配收入4888元，同比增幅12.6%。

主要做法

国家中医药管理局立足行业优势，强化任务落实，创新工作方式，持续稳步助推山西省忻州市五寨县脱贫攻坚。

国家中医药管理局捐赠五寨县14台全科医生助手机器人并组织培训

一、加强组织领导，提高政治站位

国家中医药管理局新领导班子组建后对定点扶贫高度重视，及时调整领导小组成员，召开专题党组会议，研究部署定点扶贫工作。余艳红书记和于文明局长分别率队来五寨县调研，深入了解脱贫攻坚情况，督促县委、县政府落实主体责任。据不完全统计，今年共有18个单位137人次赴五寨县调研考察督查，司局级以上领导18人次。

二、开展健康扶贫，提高医疗服务水平

立足中医药"卫生资源"优势，持续开展健康扶贫工作，着力提高五寨县医疗服务水平，解决群众因病致贫、因病返贫问题。一是设备设施帮扶。动员直属（管）医院捐赠资金1400万元，支持县、乡两级医疗机构购置医疗设备。协调中华慈善总会捐赠电子胃镜等医疗设备18台件。二是驻点帮扶。由直属医院选派5名专家长期挂职五寨县中医医院，开展日常诊疗、医院管理、科室建设、人才培训、乡村义诊等工作，2018年5月份以来医院服务量比去年同期翻了一番。三是开展巡回诊疗。每月都有1支医疗队来五寨县进行巡回诊疗，每次时间不少于1周。四是落实帮扶协议。

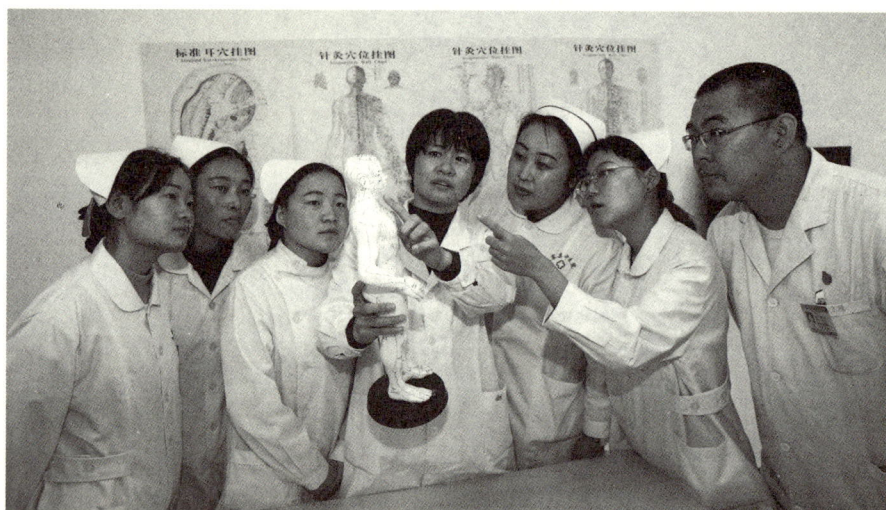
中国中医科学院派驻中医专家到五寨，现场教授针灸知识

通过接收免费进修、设备配备、建设远程医疗平台等措施，帮扶五寨人民医院眼科发展。"五寨健康扶贫光明行"活动为18名患者免费进行了白内障手术。五是开展中医适宜技术及卫生管理培训。2018年已开展了3次中医适宜技术及卫生管理培训，培训人员200余人次。六是开展健康科普教育。针对五寨当地的常见病、多发病，委托专家编写《五寨防病治病100问》科普读本，印刷3.5万册，免费按户发放给五寨县群众。同时，2018年支持15万元经费设立了五寨人群体质特点及防治策略研究项目，探索五寨人群体质规律并在此基础上提出针对性的防治策略。

三、创新产业扶贫，夯实稳定脱贫基础

五寨县地处高原丘陵区，在中药材种植上有得天独厚的地理优势和丰富的野生中药材资源。国家中医药管理局充分发挥中医药"经济资源"优势，大力发展五寨中药材产业。一是支持经费20万元，立项《五寨县中药材产业发展规划》，委托山西中医药大学为五寨中药材产业进行总体规划设计。二是多次协调邀请国内知名中医药企业赴五寨调研、投资。目前已推动中国中药与五寨县达成中医药项目投资意向，项目金额达2亿元。三是协调中国中医科学院中药资源中心，组织两次五寨县中药材种植技术培训，培训中药材种植户共187人次。四是捐赠20万元建成五寨县野生中药材引种驯化基地，引种柴胡、党参、苍术等道地药材8种，为丰富种植品种、优化种质资源打下坚实基础。五是组织并带领五寨县中药材企业参加了2018年亳州药博会等展会，推广五寨县中药材。截至2018年底，五寨县中药材种植面积达5万亩，有中药材种植生产企业4个，种植专业合作社6个，规模种植大户11个，涉及人口6000多人。

四、深入消费扶贫，助力脱贫攻坚

一是国家中医药管理局机关、各直属管单位工会组织购买五寨农副产品，2018年已采购总价值约158万元的产品。二是国家中医药管理局组织编印了《五寨特色农产品宣传册》，在局和各直属单位宣传发放，同时展示五寨特色农产品样品，鼓励广大干部职工踊跃购买。三是利用《中国中医药报》等媒体，在报纸、微信公众号上宣传、推广五寨县农特产品。四是组织动员局机关和各直属单位的食堂，与五寨县签订长期供货协议，助力五寨农产品销售。

五、推动党建扶贫，开展联学联建

制定了《国家中医药管理局直属机关党委定点扶贫工作方案》，围绕结对共建、党费使用、加强督促检查等，组织局机关各部门、直属各单位

在五寨县建成芦芽山野生中药材引种驯化基地

合作社农民对采收的黄芪进行初加工

党组织和业务主管社会组织党委，结合自身特点开展党建扶贫。局人教司、办公室、直属机关党委等，先后组团前往五寨县，开展党建座谈、党费捐赠、义诊等各项党建扶贫活动。在此基础上，推动联学联建的支部之间建立长期的结对帮扶关系，巩固脱贫攻坚成果。

六、深耕定点村，打造帮扶示范

五寨县砚城镇中所村是国家中医药管理局定点帮扶村。为做好驻村帮扶工作，2018年9月，国家中医药管理局提前2个月选派年轻干部赴中所村，与第一书记做好压茬交接工作，确保工作不断档，作风不变样。在加强基层党建方面，捐赠党建扶贫专项党费16万元改善村"两委"办公条件，建成党员学习室。在完善公共服务方面，捐款15万元建成中所村日间照料中心，能够为60岁以上留守老人提供日常照料、健身娱乐、康复保健等服务。在健康扶贫方面，协调山西省中医院建立中所村远程医疗协作服务点，让百姓足不出村享受优质中医服务。在推动产业发展方面，协调相关企业帮助中所村销售黄芪40余吨，确保38户黄芪种植户每亩纯收入不低于1000元。中所村第一书记肖国栋同志被评为"2018年中央和国家机关脱贫攻坚优秀个人"。

七、动员多方参与，形成扶贫合力

坚持政府主导和社会参与相结合，广泛动员全社会力量参与五寨脱贫攻坚。2018年2月20日，中国中医药出版社向五寨县教育科技局捐赠"教育扶贫资金"20万元，用于贫困师生、贫困户生活资助和扶贫工作队经费等。2018年前三季度，《中国中医药报》共发表中医药扶贫相关报道40余篇，其中五寨定点扶贫相关报道10篇。9月下旬，中华中医药学会动员广西、安徽中医药企业，分两批向五寨县卫生室捐赠常用中成药品，总价值约28万元。11月16日，协调贵州省有关专家在五寨举办了脱贫攻坚培训班，各乡镇干部、帮扶干部等200余人参加，介绍了贵州省脱贫攻坚的先进经验。

启 示

定点扶贫要发挥帮扶单位自身优势。国家中医药管理局的定点扶贫充分发挥了中医药"五种资源"的优势。立足中医药"卫生资源"优势，通过着力提高五寨中医药服务水平，帮助解决群众因病致贫、因病返贫问题；发挥中医药"经济资源"优势，通过大力发展五寨中药材产业，帮助

国家中医药管理局人教司赴五寨薛家村开展党建扶贫，当地群众送来锦旗表示感谢

121

交通银行协调贵州省有关专家在五寨县举办脱贫攻坚培训班

农民增收致富；此外，还在谋划中医药与旅游结合发展中医药健康旅游，中医药职业技能培训助力就业扶贫……充分发挥中医药作用已成为五寨县脱贫攻坚的一大特色。

定点扶贫要注重基层党组织建设。在贫困地区，由于各方原因，群众思想相对保守，思路不够开阔。贫困村的党员干部是脱贫攻坚的"关键少数"，把党员干部干事创业的精气神调动起来，就可以激活全村的脱贫引擎。

当前，五寨县正处于脱贫"摘帽"的最后冲刺期，国家中医药管理局将以更高的标准、更实的作风、更有力的行动，精准施策、尽锐出战，高质量完成帮扶任务。

捐赠户用光伏电站　点亮群众致富道路

——交通银行定点帮扶浑源县纪实

背景导读

　　2016年交通银行被国务院调整确立浑源县为行内重点帮扶县区，两年间交通银行累计投入资金423.65万元，其中，2016年投入143.5万元（总行投入126万元，分行投入17.5万元），2017年投入280.15万元（总行投入

交通银行前董事长牛锡明、山西省分行行长郑建星、浑源县政府县长王继武等实地查看洪水村光伏电站项目地点

交通银行挂职浑源县副县长赵开成、浑源供电公司经理郭建栋等在洪水村对接光伏项目座谈

136.95万元，分行投入21万元，党费助推脱贫项目投入122.2万元）用于浑源县基础设施、民生改善、公益事业、推广特色等多个领域。此后，《交通银行"六大工程"精准扶贫》的文章在山西省扶贫办《扶贫简报》上全文刊发，山西省浑源县扶贫办对交通银行在2017年脱贫攻坚战中的突出贡献发文表示赞扬，帮扶工作取得了阶段性胜利。2018年，浑源县调整交通银行主要帮扶对象为南山区王庄堡镇的洪水村和岭顶村，针对村内可用耕地少、基础设施差、无产业带动等特点，交通银行经过市场调查并与浑源县扶贫办协商，依据当地特点等原因，最后决定在洪水村实施户用光伏电站项目，栽下优势产业这棵"摇钱树"，确保贫困人口持续稳定增收，更好、更快、更准打赢脱贫攻坚战。

洪水村属于浑源县扶贫重点贫困村，全村总面积1万亩左右，其中耕地面积780亩，全村现有213户687人，其中贫困户53户159人，2018年人均纯收入低于2000元。洪水村位于浑源县南山区，属温带干旱半干旱大陆性季风气候区，春季干旱多风，夏季温热多雨，秋季天清气爽，冬季寒冷干燥，降水少，日照多，昼夜温差大，四季分明，年平均气温6.2℃。太阳能全年水平面总辐射量1568.8千瓦时/平方米，从年内变化量看，有明显的单峰趋势，以夏季量大，冬季量小，总辐射比较大的月份分布在5月—7月，其中6月最大，全太阳辐射的这一特征对于开发太阳能有先天的地理优势。

户用光伏电站项目拟建设53个户用电站，每户5千瓦，户投资3.78万元，电站总投资200.34万元，变压器扩容改造及并网设施39.66万元，项目总投资240万元。每户预计年发电量7665度，按每度0.7元计算，每户可增收5365元，电站所有权属贫困户所有，全村总容量265千瓦，预计年总发电量40.6245万度，总收入28万元左右，现项目已实施完毕，并网后洪水村将实现整体脱贫。

主要做法

一、工程建设和资金投入

户用光伏发电，又叫户用分布式光伏发电，是指建在家庭侧，运行方式以用户侧自发自用为主，多余电量上网销售，国家给予一定补贴，并且有配电系统平衡调节为特征的光伏发电系统。具有清洁高效、分散布局、就近利用的特点。洪水村户用光伏电站项目经交通银行党委会研究决定，

建设中的洪水村户用光伏电站

交通银行有关人员在洪水村查验光伏发电板

一次性投资捐赠240万元到浑源县扶贫办，再由县扶贫办下拨到王庄堡镇，由王庄堡镇具体负责项目的实施。王庄堡镇经过召开党政联席会议和洪水村村民代表大会研究决定在洪水村53户贫困户屋顶和院内统一安装太阳能光伏发电板，产生收入后扣去集体部分后全部分给贫困户，经过招标，2018年8月由山西晶伏新能源科技有限公司中标实施，11月底建设完工，12月底并网投入运营。

二、资金运用和监督

户用光伏电站质保及受益期限为20年，既可保证贫困群众长效持续脱贫，又可壮大村内集体产业经济。交通银行捐赠的款项实施村账镇管模式，主要为村内组织贫困群众成立监督委员会，具体负责项目工程质量及资金使用情况的监督，工程实施过程中的每一笔支出都经过村民代表大会授权后再由镇拨付到企业使用，确保扶贫资金的安全和项目工程顺利进行。

三、并网和电站运营

项目建设完工后，由浑源县供电公司实施变压器的扩容和并网，所发电量全部售卖给供电公司，卖出后由供电公司支付企业电费，再由企业支付给贫困群众和村集体。电站的管理和运营全部由企业负责，村民和集体只负责提供场地，合同期满后电站所有权归村民所有，企业负责有偿服务。

四、带动脱贫和群众反响

项目运营后可为53户贫困户每年户均增收3000余元，直接带动贫困户脱贫；为镇村集体增收10万余元，为壮大村内经济，实现乡村振兴提供了产业支撑；为进一步提高浑源县产业化扶贫成效，变简单给钱给物的"授人以鱼"为分享产业发展成果和效益的"授人以渔"的产业化扶贫体系提供了参考。项目建成后，洪水村人民群众对贫困有了更清楚的认识，脱贫的主动性有了很大的提高，群众普遍对交通银行的帮扶措施表示赞同。

启　示

扶贫要坚决贯彻落实习近平总书记关于扶贫开发重要论述。习近平总书记关于扶贫开发的重要论述是新时代中国特色社会主义思想的重要组成部分，是打赢脱贫攻坚战的根本指南和强大的思想武器，在扶贫工作中我

交通银行有关人员在洪水村光伏电站项目奠基石前合影

127

们必须时刻以习近平总书记扶贫战略思想为指引，坚持把保生态、高质量、多收益、可持续放在首位，注重脱贫内生动力的提升，始终把产业扶贫作为工作的重中之重，聚焦县内深度贫困区域，因地制宜找方法，因人制宜找出路，全力贯彻落实习近平总书记"精准扶贫，精准脱贫思想"。

扶贫既要真心实意也要真金白银。扶贫工作要求全党全社会能够从根本上做到精准，帮助贫困群众。在开展工作中，要深入群众，多跑腿、多入户、多思考，真心实意地为贫困户着想。依据交通银行总行"看真贫，扶真贫，真扶贫，脱贫不返贫"的帮扶原则，交通银行始终把扶贫作为履行社会职责的"一号工程"，从驻村干部的选拔到项目的投资都要经过严格的论证，只有真心实意才能了解群众的需求，帮扶才更科学精准。农村基础薄弱，缺乏产业的支撑，而要长效脱贫就必须有稳定的产业收入，所以为贫困群体建设起支柱产业就必不可少，产业的建设就需要真金白银的投入，否则脱贫只会成为"无源之水，无本之木"。

扶贫要因地制宜，因人制宜，发展特色。决定贫困的因素有很多种，要想从根上除掉贫困就必须摸清导致贫困的原因。扶贫过程中必须要立足贫困地区资源禀赋发展特色产业、实施产业扶贫，有效提高贫困地区自我发展能力，实现由"输血式"扶贫向"造血式"扶贫转变，确保贫困地区

户用光伏电站鸟瞰图

128

和贫困人口真脱贫、不返贫。

注重"精神脱贫",提升内生动力。"精神脱贫"是实现从"输血"到"造血"的转变,是从根本上改变农村贫困人口听天由命、消极无为,安于现状、好逸恶劳,不求更好、只求温饱,老守田园、安土重迁,小农本位、重农轻商,"等、靠、要"的思想。提升发展的内生动力,激发出贫困群众的主动性、积极性和创造性,变被动救济为主动脱贫。提升自主脱贫能力的内源性扶贫策略,是脱贫攻坚的重要抓手。

助力精准扶贫　彰显央企担当

——国家能源集团定点帮扶右玉县纪实

背景导读

右玉县位于山西省西北晋蒙交界处，毛乌素沙漠边缘，总面积1969平方公里，辖4镇6乡1个风景名胜区，288个行政村，总人口11.4万，农村户籍人口8.13万。右玉县是全省36个国定贫困县之一，全县共认定贫困村129个，贫困人口8035户16337人，主要致贫原因为缺劳动力、伤病残疾、缺资金技术。

右玉县近70年坚持不懈植树造林，改善生态，孕育了宝贵的"右玉精神"。习近平总书记先后5次对"右玉精神"做出重要批示指示，指出"右玉精神是全心全意为人民服务，是迎难而上、艰苦奋斗，久久为功、利在长远"，"右玉精神是宝贵财富，一定要大力学习和弘扬"。

主要做法

中央做出打赢脱贫攻坚战的决定后，国家能源集团党组高度重视，始

生态扶贫——基金授牌仪式

终坚持把扶贫开发工作作为重大政治任务和年度重点工作来抓，不断加大右玉县定点扶贫工作力度，累计直接投入扶贫资金近1600万元，购买扶贫商品近700万元，精准扶贫、精准脱贫工作取得明显成效。

一、多措并举推进生态扶贫

针对右玉县绿化覆盖率高，森林养护力量严重不足的情况，国家能源集团建立"右玉县绿色生态保护扶贫基金"，支持右玉县从建档立卡的贫困户中先后选聘198名贫困护林员，对右玉重点生态林进行管护，管护费用人均超过800元／月。项目实施不仅使贫困人口通过参与生态文明建设、保护绿色家园的行动切实提高了经济收入，增强了环保意识，同时还切实提高了林业管护水平，为全县大力发展生态旅游业提供了有力保障。此外，还利用基金支援定点扶贫村——七里铺村种植了扶贫经济林约210亩，修建村内混凝土道路2.36公里，为七里铺村打造"美丽乡村"、壮大集体经济提供了有力支撑。

二、创新模式开启电商扶贫

为顺应国家大力提倡的"消费扶贫"，打通贫困县特色农牧产品的线

电商扶贫——电商培训

上销售渠道，国家能源集团开拓创新扶贫模式，将"国家能源扶贫公益平台"引入右玉，将右玉县优质农牧产品与央企职工购买力直联，同时为广大职工参与公益、奉献爱心提供了便捷渠道。同时还举办"电商培训班"为县里培训电商人员，多次开展右玉农产品推介活动。平台开通一年多来，右玉县特色产品在平台的销售额已接近700万元，有效促进了县农牧产品种养殖、产品深加工和包装物流等产业发展，为贫困人口增收致富开辟了一条新路径。

三、周密筹划开展光伏扶贫

扶贫不仅要立竿见影，更要久久为功。国家能源集团发挥行业优势，对右玉地区风电及光伏项目资源进行了全面勘查及可行性评估，为县里制定清洁能源发展规划提供智力支持。结合山西省"十三五"光伏扶贫规划，集团公司采用"建设—移交"的模式投资1000万元无偿支援右玉县建设了1.49兆瓦的村级扶贫光伏电站。电站于2018年6月底正式并网发电，预计年电费收入约150万元，将全部用于贫困村和深度贫困户的精准帮扶，按照每年每户分配3000元计算，可以为超过400户深度贫困户提供长期稳定收益。

四、挖掘资源带动医疗扶贫

"因病致贫、因病返贫"的现象在右玉县较为多见。为聚焦健康扶贫，推动优质医疗资源下沉，缓解右玉县群众"看病难"问题，国家能源集团挖掘社会资源，成功邀请到"全国社区医疗服务志愿团"的医疗专家赴右玉县开展了"右玉扶贫健康行"医疗义诊活动。本次义诊组织了中日友好医院、北大人民医院等10所知名三甲医院的专家志愿者，在县人民医院为当地贫困患者门诊诊疗300余人次，并结合临床典型病例对医院的医务工作者进行了手把手、面对面的业务培训，受到了广大贫困患者和医务工作者的一致好评。近期国家能源集团公益基金会正在联系右玉县开展儿童先心病筛查和医疗救助项目。

五、精准识别实施就业扶贫

"一人就业、全家脱贫"。国家能源集团专门开设"贫困户家庭学生就业绿色通道"，在毕业生招聘时，在同等条件下优先接收定点扶贫县贫困户的大学毕业生子女。公司会同县相关部门对右玉县2018—2020年建档立卡贫困户应届毕业生进行了摸底调研，筛选出符合学历、专业等基本接收要求的应届毕业生推荐他们按程序报名应聘。今年就有4名贫困应届毕业生签约入职，经过专业培训后全部上岗。

六、立足长远实施教育扶贫

为斩断贫困代际传递的渠道，国家能源集团不断加强对贫困学生的帮

光伏扶贫——扶贫光伏电站

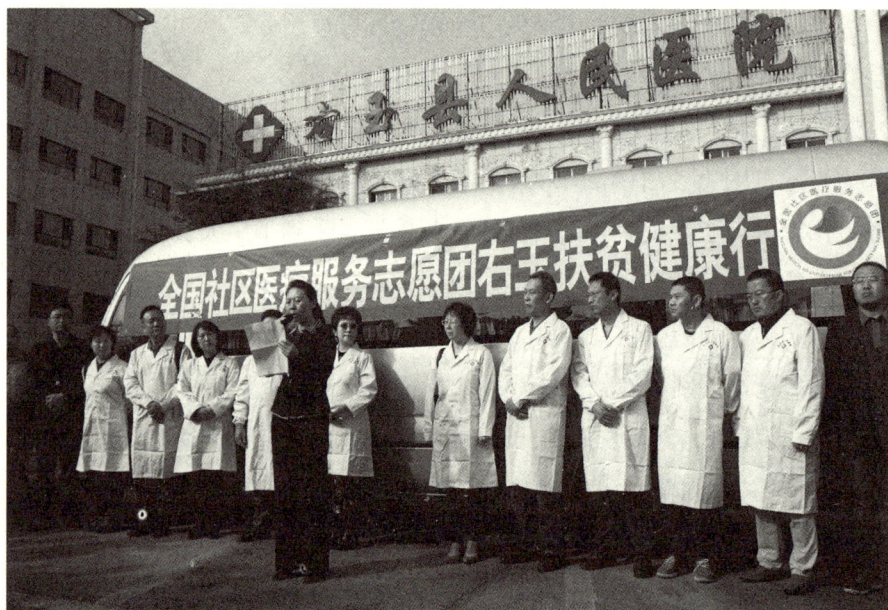

医疗扶贫——医疗志愿团

扶力度。2018年的扶贫日，集团发动全体员工捐款133.7万元，设立"国家能源集团员工右玉县爱心助学基金"，由县教育局开设基金专户进行管理，主要用于资助在县公办高中就读的品学兼优的贫困学生。根据县里的实际需求，国家能源集团公益基金会为县35所中小学和幼儿园建立"国家能源爱心书屋"，捐赠图书近10万册。

启 示

规划是基础。科学有效的扶贫规划是做好扶贫工作的基础和保证。在制定和实施扶贫措施时，帮扶单位要找准定位，发挥作用，不能简单地照搬照抄，一定要充分考虑和借鉴地方政府的实际情况和脱贫攻坚总体规划，因地制宜，顺势而为。国家能源集团党组书记、董事长乔保平等同志多次带队赴右玉县深入贫困村、企业和重点生态保护区考察调研，主动与县委、县政府沟通协调，详细了解贫困县的总体发展情况和脱贫攻坚部署、贫困户的致贫原因和帮扶需求，在此基础上出台了集团公司《"十三五"定点扶贫工作规划》，并在实施过程中不断丰富完善，确保了定点扶贫工作顺利开展，取得实效。

制度是保障。定点扶贫工作和企业的经营管理工作差异较大，工作模式和相关制度相对也不够成熟和完善，这就要求帮扶单位一方面要不断完善扶贫工作体系和制度，建立长效机制，另一方面也要不等不靠，积极作为，在扶贫思路、帮扶路径、组织体系等方面勇于创新、敢于担当。国家能源集团把加强领导、落实责任作为做好定点扶贫工作的关键和核心，成立了以主要领导为负责人的定点扶贫工作领导小组，建立了"党组领导、总部统筹、二级单位主责、挂职干部落实"的扶贫工作组织保障体系，和"年初计划安排、月度季度汇报、专项监督检查、年度总结督查"的计划实施体系，形成分工明确，齐抓共管的工作局面，确保扶贫帮扶任务落到实处。

细节是抓手。细节决定成败，在落实扶贫规划的过程中，一定要在帮扶对象选拔、帮扶措施落实、帮扶资金管控、帮扶能效监督等方面尽心尽力，做细做实，才能取得良好效果。例如绿色生态扶贫护林员严格按照"贫困户自愿报名、村委会民主推荐、所属乡镇审核、挂职副县长会同县

教育扶贫——集团下属单位为乡镇小学捐款捐物

135

集团领导调研县农产品加工龙头企业

扶贫局和林业局审查确定"的程序实施。县林业局组建森林资源保护巡查队，对护林员进行监管考核，严格奖惩。管护费用由县林业局考核制表，经挂职副县长和县分管扶贫副县长共同签字确认后，按月从扶贫基金专用账户直接打入护林员个人账户，同时不定期调查走访，确保帮扶精准到位。

社会是助力。习近平总书记提出，扶贫开发是全党全国全社会的共同责任，要动员和凝聚全社会力量广泛参与。帮扶单位不能仅限于依靠本单位资金开展扶贫工作，更要善于利用各方资源形成合力。要充分发挥自身的信息、技术、渠道等资源优势助力扶贫，协助县政府吃透用足国家关于产业帮扶、金融扶贫、社会保障的各项优惠政策，宣传发动社会各界通过投资兴业、捐赠帮扶、旅游购物等方式参与扶贫，形成"政企联合、多方参与、合力脱贫"的良好局面。

在右玉县干部群众的共同努力和各方的大力支持下，右玉县贫困发生率降至0.46%，贫困地区农民收入大幅提升，贫困人口生产生活条件明显改善，上学难、就医难、行路难、饮水不安全等问题逐步缓解，人民群众的幸福指数大幅提升，于2018年8月正式脱贫"摘帽"。国家能源集团将在党中央和国资委的坚强领导下，按照脱贫"摘帽"四个"不摘"的要求，深刻认识肩负的使命和责任，继续与右玉县委、县政府密切配合，进一步健全工作机制，创新帮扶举措，提高扶贫成效，积极助力右玉巩固脱贫攻坚成果，早日建成小康社会。

精准脱贫　共奔小康

——恒天集团定点帮扶平陆县纪实

背景导读

恒天集团自2014年11月开展定点扶贫工作以来，坚决贯彻落实党中央、国务院、国资委及国机集团关于打赢脱贫攻坚战的决策部署，将定点扶贫单位山西省平陆县"十三五"期间脱贫攻坚当作重大政治任务抓紧抓好。以高度的政治使命感和责任感，发挥中央企业的表率作用，坚持精准扶贫精准脱贫基本方略，不断创新扶贫模式，创新扶贫方法，大力推动平陆县打赢脱贫攻坚战，成效显著。

恒天集团紧紧围绕国务院、国资委扶贫办关于"中央企业定点帮扶贫困革命老区百县万村"专项活动和"救急难"行动的总体部署，以及国机集团"扶智、扶志、扶产业、扶民生"四翼并举的扶贫模式，按照恒天集团"以村为试点、总结经验推广到镇、再扩大到平陆县全县"的总体思路，在一村、一镇、一县3个层面，共13个单位，分3个阶段开展精准扶贫，使平陆县广大干部群众不断树立新的发展理念，逐步实现从"输血式"扶贫到"造血式"发展的转变。

国机恒天领导视察平陆恒天电子商务中心

主要做法

一、大力推动电商扶贫

恒天集团运用"互联网+"的发展理念，将电商扶贫确定为打赢脱贫攻坚战的重点项目。在村级单位，形成了"电商+旅游+农业"的村级经济发展模式。在县级单位，帮扶平陆县"平陆恒天电子商务公共服务中心（古虞王）"，培训贫困群众专业种植技术，建立贫困户销售农副产品直销网络，提高贫困户家庭收入。培训贫困户600户2000人次；捐赠有机肥180吨；实现年收入300万元；使贫困户600户2000人受益。并有计划地建立了1个县级运营中心、7个乡镇运营中心、140个村级服务网点，发展8000多个社员，其中700多户1200多个社员为建档立卡贫困户，形成了"专业种植+电商营销"的发展模式。

恒天集团组织单位和个人采购贫困户农副产品300多万元，实现平陆苹果、雨露香梨等农副产品批量进入北京及全国市场。此项工作得到运城市、山西省有关部门的高度重视，被评为国家科技部"国家级星创天地"项目。

2018年10月16日，中央候补委员、国机集团党委书记任洪斌赴平陆县扶贫调研，参观了"平陆恒天电子商务公共服务中心（古虞王）"

二、大力推动"美丽乡村"建设

恒天集团与平陆县携手，提出努力建设全国"美丽乡村"的发展理念，开展"百县万村"活动。在平陆县10个乡镇的10个贫困村自然村，开展"村庄整治"。围绕"通水、通路、通电"，帮助10个贫困村贫困户改善生活条件和居住环境，硬化村内道路，亮化工程，完善供水和雨水污水排水系统，修缮贫困户住房及院墙，达到人居环境干净整洁的基本要求。整治面积共计200万平方米，使10个贫困村1051户2862人、贫困户162户486人受益，打造了平陆县乃至山西省"村庄整治"示范村。

三、大力推动教育扶贫

恒天集团积极关心下一代教育成长，教育扶贫成效显著。为贫困学生捐赠校服和助学金，共计674名贫困学生受益。为平陆县培训20名初中教师。

国机恒天领导为平陆常乐中小学贫困学生捐赠校服

恒天集团企业管理部副总经理丁子哲讲授"大数据与人工智能"

四、大力推动民生工程

恒天集团以"密切联系群众"为突破口，从关心贫困户、关心群众生活中最困难、最棘手的事入手，围绕"水、电、路"三通，大力推动民生工程，得到群众的认可。

五、推广扶贫爱心超市

十九大报告提出，要注重扶贫同扶志、扶智相结合。针对之前扶贫过程出现的贫困户"等、靠、要"现象，以及"有体力、无能力"的现实，我们提出在平陆建设扶贫爱心超市，因为这是一种最暖心的脱贫攻坚新方法。

面对全体村民尤其是贫困户开设扶贫爱心超市，让贫困户通过完成各种脱贫内容，诸如了解政策、家庭环境、脱贫阶段性任务等等获取积分，然后通过积分兑换生活所需物品，不用花一分钱，符合条件的兜底贫困户、留守老人妇女、残疾人等都可随意走进超市，选择从5分的油盐酱醋到50分不等的家用物资。村里每月为贫困户发放10分"爱心积分"以及对这些贫困户进行每周室内外卫生检查，只要个人卫生保持得好的家庭就可获得10分"积分卡"奖励，他们拿着这些卡券就可自行到超市换取自己所需的等值物品。

这种方法被广大贫困群众有尊严地接受并惠及越来越多的贫困户，它

"美丽乡村"村庄整治示范村后地村

扶贫爱心超市

让脱贫举措真正落实到户、惠及到人，为贫困户送去了温暖，让贫困人员切实感受到了党和政府以及社会对其最热忱的关怀。

为什么会将"个人卫生"是否达标作为奖励的标准呢？因为所有的贫困家庭中，因病致贫占比最大，培养贫困户养成好的个人卫生习惯，是预防疾病发生以及因病返贫的第一步。这里就是为他们兜底的地方，保证他们不必为生活的必需物资而发愁。

在决胜全面建成小康社会的关键时期，扶贫爱心超市续写了脱贫攻坚的新篇章，这种创新脱贫攻坚的新模式，为推进脱贫攻坚战注入了一股新的活力，我们期待更多的扶贫爱心超市出现，汇聚爱心力量，集聚脱贫智慧，全面打赢脱贫攻坚战。

2018年是平陆县决胜脱贫攻坚的关键之年，恒天集团进一步加大了扶贫工作力度，组织27家帮扶单位，拨付扶贫资金450万元，将扶贫成功经验推广到平陆全县。对1县10乡（镇）5村6校共22个单位，开展电商、教育、智力、劳务扶贫、民生工程建设、"救急难"活动、扶贫交流7类33个扶贫项目，力争使11600余人、760多户贫困户2500多人、4600多名中小学生、700多名贫困中小学生受益。

启　示

精准识别是前提。要充分运用"一进二看三算四比五议"的方法精准识别贫困户，把好群众申请关、入户调查关、民主评议关、公示监督关、审核确认关，确保精准识别结果群众满意，确保扶贫精准有效。

思想扶贫是根本。要通过广泛动员发动、政策宣传讲解、外出参观学习等措施，不断搅动村民思想，让农户看到差距、找到症结，最终实现从"要我发展"到"我要发展"的根本性转变。

产业扶贫是关键。要在摸清家底的基础上，整合各类涉农资金和扶贫政策，建立产业发展与贫困户增收脱贫联动机制，大力推进产业扶贫、产

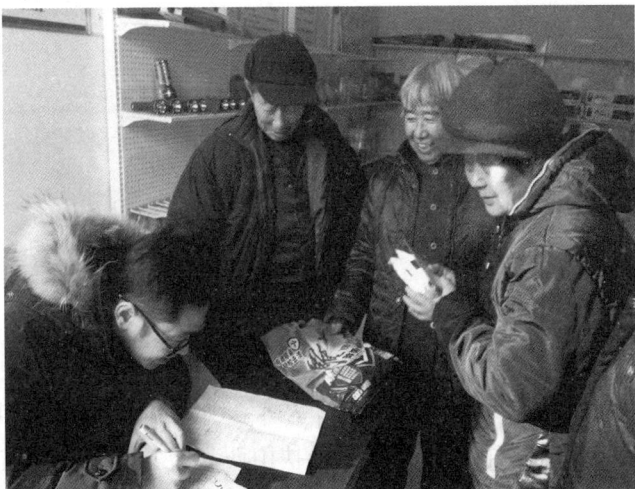

扶贫爱心超市兑换

业富民，积极促进农民转移就业，增加工资性收入；通过提供技术、销售、资金等服务保障来增强村民发展的信心和决心；通过重点扶持有一定能力的农户优先发展，示范带动更多农户，实现全面发展。

真情扶贫是保证。扶贫工作队队员和村"两委"班子成员一定要勇做脱贫攻坚的"先锋"，善做密切联系群众的"贴心人"，增强工作的主动性、创造性、用心识真贫、用情真扶贫、用力扶真贫，把有限的扶贫资源与扶贫对象紧密衔接、精准配置，使惠民富民政策真正落到实处，取得实效。

构建"五位一体"扶贫格局
助力山西吉县脱贫攻坚

——中国东方电气集团有限公司定点帮扶吉县纪实

背景导读

党的十八大后,新一轮中央、国家机关和有关单位定点扶贫开发工作确定,东方电气集团定点帮扶山西省吉县。东方电气不断加大扶贫力度,聚焦精准,稳步推进,立足于吉县实际,持续构建"产业扶贫、教育扶贫、民生扶贫、就业扶贫、党建扶贫"五位一体总体扶贫格局,助力吉县脱贫攻坚,切实发挥了中央企业在定点扶贫中的作用。

吉县地处山西省西南部、吕梁山南端、黄河中游东岸,属黄土高原残垣沟壑区,是一个典型的山区农业小县。全县总面积1777平方公里,辖3镇5乡、79个行政村、567个自然村,总人口11万,其中农业人口90241人。

2002年,吉县被确定为国家扶贫开发工作重点县,2012年,被列入吕梁山集中连片特困区。2014年,全县共确定建档立卡贫困村61个,建档立卡贫困人口28647人,贫困发生率31.7%。从致贫原因看,因病致贫5422

人，因残致贫2510人，缺劳力1306人，缺技术13849人，缺资金2380人，因学致贫1258人，因灾致贫1269人，还有因其他方面致贫的1014人。

脱贫攻坚4年多来，在中央、省委、市委的坚强领导下，全县干部群众艰苦奋斗，合力攻坚。2014至2017年，全县共实现减贫28219人，剩余建档立卡贫困人口290人，61个贫困村全部实现了脱贫退出。2017年12月，顺利通过了贫困退出市级初审。2018年1月，顺利通过了贫困退出省级评估核查。2018年6月，顺利通过国务院扶贫开发领导小组委托第三方评估机构开展的专项评估检查。2018年8月8日，山西省人民政府正式发布《关于批准右玉、吉县、中阳3县退出贫困县的通知》，山西省吉县成功退出，提前两年摘掉了贫困县的"帽子"，东方电气集团（东方锅炉公司）为助力吉县打赢这场脱贫攻坚硬仗做出了自己的贡献。

移民新村

主要做法

东方电气集团切实加强组织领导，成立了扶贫领导小组，定期召开工作例会和扶贫专项工作会议，对全年扶贫工作进行统一安排和专题部署。主要领导多次到吉县开展扶贫调研指导，督查扶贫资金使用管理情况，确保精准扶贫要求落到实处。

一、以产业扶贫为基础，保障发展持续性

吉县是我国苹果最佳优生区，全县苹果已达28万亩，年产22万吨，产值近10亿元，成为吉县主导产业。东方电气集团及下属企业连续多年购买吉县苹果，为建档立卡贫困户援建防雹网抵御冰雹灾害，联合其他中央驻晋帮扶单位，共同打造"吕梁山货"品牌。充分利用数量众多、品种丰富的优质杂粮资源，把单一的农业产业升级为以农业观光、乡村体验、养生度假为主的第三产业，在屯里镇太度村美食一条街区域内，援建了"厚川味道·东方情怀"农产品文化展馆，借助电商平台助力农产品销售，展

消费扶贫苹果

现东方农耕文化，为当地打造了一张新名片，延伸了农产品产业链条，成为新的展销平台。集团及下属企业每年安排专项资金，统一设置消费扶贫专柜，集中采购吉县农特产品，并鼓励引导职工个人消费，职工食堂优先采购扶贫县农产品。5年来集团消费扶贫累计达1300余万元，扩大了农产品的销售渠道，推出了大红袍花椒、雷家庄红薯、屯里小米、辣椒酱、葵花籽油、野生菌礼盒、柏山寺柿饼等新产品，直接增加了农民收入，增强了农民的获得感。

二、以教育扶贫为根本，着眼未来拔"穷根"

东方电气集团为吉县职业技术学校无偿捐助数控车床、精密车床、铣床等设备11台建设实训车间，从教师培训、学生联合培养、实习就业等多维度入手，帮助学校制定明确发展路径。派出优秀技师到吉县住校指导实际操作教学，利用学校暑期时间，接待师生十余人到公司自贡生产车间和焊接培训中心，对吉县职业技术学校机械专业师生开展了为期半个月的集中技能培训。根据年度定点扶贫计划，集团制订了《2018年东方电气对吉县教育扶贫实施方案》，对100名城乡最低生活保障家庭子女，家庭经济困难、品学兼优的学生进行了每人1000元的年度一次性现金资助，使贫困学子感受到了社会的温暖。

三、以民生扶贫为载体，提升群众满意度

为帮助群众解决出行难题，提高片区对外通道运输能力，东方电气集团捐资百万元在吉县大力开展"百县万村"活动。柏山寺乡白子原村村道，一边是乡政府所在地，另一边是309国道，全长不过800米，然而这短短不到1公里的泥路，却阻碍了白子原、马泉头两个贫困村的村民日常出行，苹果成熟后运输更是艰难。东方电气集团打通这最后1公里泥路，使两个自然村1800

乡村公路

余人直接受益。吉昌镇井圪塔腰子加固工程，长120米，腰子顶部宽5.5米，两侧沟谷深40米，该处道路路基宽度仅为4.5米，且道路两侧缺乏安全防护设施，存在重大安全隐患，降低了该村村道的通行能力。经加固改造，路基宽度加宽到7.5米，并将行车道和两侧路肩全硬化。此工程使井圪塔、沙朋咀、兰古庄3个自然村1500余人直接受益，方便了村民出行和农副产品的销售运输，直接提高了沿线贫困人口的收入。开展"同舟工程——中央企业参与'救急难'行动"，捐赠专款80万元，对医疗负担沉重的城乡困难家庭、因病致贫家庭，经政府救助后个人自负医疗费用仍然过大的困难家庭、因病致贫家庭减轻医疗负担，实施现金救助。吉昌镇林雨村共有691户近2000人，所属几个自然村多年来缺乏夜间照明，村民夜晚出行和学生晚自习后回家极不安全。东方电气集团捐赠专款援建太阳能路灯，使得村民们彻底告别了摸黑走夜路的历史。

四、以就业扶贫为抓手，增强脱贫稳定性

东方电气集团抓住申报全国电子商务进农村综合示范县契机，通过发展电商聚焦农产品"上行"，增加百姓创业就业机会和技能。组建了吉县电子商务协会，捐助电商扶贫专项资金20万元，开展"电商扶贫大讲堂"活动，邀请国内知名电商专家来吉县进行专题培训授课，增强了农民群众参与电子商务的积极性和主动性，极大地提升了农村群众对电商的认知度，掌握了开网店、微店流程。吉县于2018被评审为全国电子商务进农村综合示范县，获得了1500万元专项财政资金，公共服务中心的建设将保障50—80人实现稳定就业，并将带动一大批创业者。目前全县涉及电商和网商业务的企业已达29家，从业人员500余人，2015—2017年网上销售额2326余万元，其中上行销售823万元，带动了部分建档立卡贫困户创业增收。集团制定下发了《2018—2020定点帮扶三年规划》，提出了就业扶贫十大举措，三年中集团将提供至少100个就业岗位，鼓励帮扶县人员到集团就业。

五、以党建扶贫为引领，激发脱贫原动力

由东方电气集团核心子企业东方锅炉定点帮扶的山西吉县，在全县干群共同努力奋战下，于2018年8月正式退出贫困县，提前完成了"摘帽"，但尚有19户建档立卡贫困户未能实现个体脱贫。东方锅炉决定以党建扶贫为引领，扶贫与扶智扶志相结合，在提供精准帮扶的基础上，根据贫困户

电商协会

149

党建扶贫

具体情况，分析致贫原因，制定针对性帮扶措施，激发贫困人口内生原动力，实现稳定脱贫。到2018年底，东方锅炉18个党支部与19户建档立卡贫困户全部结成"一对一"帮扶对子，消除了盲点，实现了全覆盖，627名党员共计个人捐款62774元，党支部为19户贫困户共计制定针对性帮扶措施70条，东方锅炉党委领导来吉县深入贫困户家中，送上救助金、联系卡和帮扶计划书。党支部与贫困户"一对一"帮扶，东方锅炉与吉县签订党建扶贫共建协议，共同推进党建扶贫"双结对"，取得良好效果。

启　示

实现持续发展必须培育和依靠主导产业。主导产业才是农民脱贫的重要依仗。吉县几十年来一张蓝图绘到底，一任接着一任干，苹果种植产业占到全县经济80%以上，农民有稳定并持续增长的收入，为脱贫奠定了坚实的基础。

扶贫必须与扶志扶智相结合。要实现长久的根本的脱贫，激发内生动力，增强致富能力至关重要，扶贫必须与扶志扶智相结合。要推进广大农民群众的教育培训，加大教育扶贫力度，提升群众自主发展的能力水平，从源头上阻断贫困的代际传递。

短期扶贫与远期扶贫相结合。扶贫过程中，必须把"输血"逐步变为"造血"，短期"救急难"扶贫必须与远期持续发展脱贫相结合。要充分挖掘资源优势，把自然资源转化为商品，打造吉县系列特色农产品品牌，实现转型升级发展。

公共设施

倾心帮扶献真情　硕果传颂美名扬

——中国煤炭科工集团定点帮扶武乡县纪实

背景导读

武乡县位于太行山西，隶属山西省长治市，总面积1610平方公里，辖9乡5镇1个农业开发区，328个行政村1044个自然村。武乡是全国著名的

中国煤科党委常委总会计师赵寿森和党委宣传部部长欧凯,深入定点帮扶村栗家沟村调研

组织栗家沟村全体党员赴延安开展"党在我心中"红色教育

革命老区，也是国家扶贫开发工作重点县。由于历史、自然和地理等多种原因，全县经济发展相对滞后，基础设施落后。

通过精准识别：全县共有贫困户18323户，贫困人口52633人，贫困发生率25.06%，脱贫任务艰巨。2016年稳定脱贫3416户9868人，54个贫困村实现整村退出；2017年稳定脱贫4317户11800人，75个贫困村实现整村退出。2018年脱贫4385户12962人，76个贫困村退出，如期实现贫困县"摘帽"。

主要做法

根据党中央、国务院关于扶贫工作的要求，中国煤炭科工集团认真对接山西省委，积极贯彻落实国家、省、市相关要求，认真开展精准帮扶责任。在党建、农产品、电商、教育、就业、旅游、产业项目、资金等方面对武乡县脱贫攻坚工作进行了全方位帮扶。从2015年开始，中国煤炭科工

中国煤科太原研究院为武乡县贫困学生进行助学金发放

集团有限公司坚持把"改善民生、精准帮扶、履行央企社会责任"作为工作目标，紧密结合武乡实际，以"11355"帮扶武乡工作思路为指引，矢志不渝地与贫困作战，扎实推进定点扶贫工作。

一、以党建促脱贫，大力支持基层党组织党建工作

2018年2月，集团公司给予党费26.3万元，用于支持武乡3个贫困村党建和脱贫攻坚工作。具体用于贫困户产业发展壮大村集体经济，修缮基层党组织活动场所，帮扶生活困难的老党员、老八路，开展党员素质集中提升培训等。通过支持，3个村村容村貌、户容户貌都发生了极大的变化，党组织更加稳固，村"两委"班子更加团结，村民之间更加和睦友善。其中负责帮扶蟠龙镇栗家沟村的第一书记张磊积极发挥党建作用，带领群众"舞起来跳起来"用文化活动激励村民发生思想变化。十里坡村受助党员群众自发拿出部分慰问金成立村级帮扶基金，用于以后村里生活困难的家庭及个人，积极支持村里贫困户的发展，让贫困户感觉到组织的温暖。这种难能可贵的自发行为充分体现了党员的思想觉悟和党员模范带头作用，让武乡红色基因代代相传。这也真正体现了党组织、党员在基层的战斗堡垒作用。

二、全力打造销售"武乡小米"

让品牌价值不断提升，同时举办了"中国煤科武乡小米再行动"活动，太原院、天地奔牛、天地玛珂、北京华宇等单位集中收购武乡小米约8万斤，介绍其他企业帮助消费3.6万斤，共计约100万元，惠及村民270户，每户收益约3300元。其中太原院、天地奔牛将两个村作为小米定点收购点，使村民的产品有了销路、收入有了保障，此举受到了山西日报的关注和报道。同时在太原院、重庆院的食堂小超市上架武乡小米，供员工选购，起到了很好的帮扶效果。2017年12月，积极对接由中国老促会、中国品牌网承办的"一县一品"扶贫行动，带领武乡县小米龙头企业进京对接宣传，经过激烈角逐，"武乡小米"在全国300多个国家级老区贫困县特色农产品中脱颖而出，与中国老促会成功签约，为"武乡小米"品牌的进一步打造、宣传、销售助力，使"武乡小米"真正作为武乡县百姓脱贫致富的主导产业。

三、开展教育与就业扶贫

为寒门子弟拔"穷根"提供帮助。对于寒门子弟，读书仍然是拔除

小辣椒参加中央企业扶贫产业第六届"慈善博览会"

贫困户董虎江种植的辣椒喜获丰收，脸上洋溢着幸福的笑容

"穷根"的最好出路。"一人就业、全家脱贫"，就业是扶贫与扶志扶智扶德相结合的有效措施。2018年3月，太原院和国家安标中心先后向武乡县石门小学、太行上电希望小学捐助了学习桌椅、办公电脑、校服、体育器材等，价值约5万元。2018年8月，太原院资助武乡县贫困生25名，资助金额6.4万元。除了资金资助外，对成绩优异、顺利完成学业且符合公司录用条件的优先为其提供就业岗位。

2018年6月，集团公司清洁能源菏泽公司在武乡举办专场招聘会，用工主要面向武乡贫困户子女，共招聘员工20人，其中贫困户子女13人，月收入3000元左右，提供食宿，并缴纳五险一金。12月，向蟠龙镇蟠龙村圆梦服装厂（扶贫车间）捐助19.58万元用于购置缝纫设备、办公用品、员工技术培训等，车间建筑面积360平方米属村集体经济，车间可带动50余名妇女就业脱贫，人均年收入预计8000—10000元。

四、巩固定点帮扶村栗家沟，扶贫成果再上新台阶

2018年，在第一书记的带领下栗家沟村贫困户种植的旱地辣椒增收17万元。2019年修缮完成太行造纸厂旧址，创建乡村旅游景点。太行造纸厂是武乡县曾为抗战时期新华日报社提供纸张的唯一一处生产旧址，该厂在战争时期贡献颇大。

2018年，集团公司在武乡县已投入帮扶资金111.88万元培训基层干部42人，培训技术人员107人，购买贫困地区农产品91万元，帮助销售贫困地区农产品33万元。帮扶武乡县2镇1乡6村4个项目。

启 示

产业发展是贫困户脱贫的关键。中国煤炭科工集团有限公司坚持走精准扶贫与发挥央企责任并重的路子，将扶贫重心下沉到村，落实到户，找准贫困地区人民产业发展的需求，精准施策、精准发力。针对制约产业发展的薄弱环节和重要领域，打好资金筹集、"公司+农户+合作社"、劳务输出"组合拳"，让政策叠加效应得以充分释放，解决影响产业发展的"制约因素"。

文化扶贫是打开思想闭塞的一把钥匙。"十三五"期间，文化扶贫是打赢脱贫攻坚战的重要方面和内容，是从根本上改变贫困地区的落后状态，激发内生活力最终实现全面小康的重要保障。

派驻第一书记张磊在田间地头，查看贫困户产业发展情况

凝心聚力　多方施策　"三位一体"模式助脱贫

——中国建筑科学研究院定点帮扶偏关县纪实

背景导读

　　山西省偏关县地处晋西北，全县人口11.5万，经济发展以农牧业为主，自然条件恶劣，生态环境脆弱，全县年财政收入不足2亿元，在山西

扶持电子商务实训室

扶持职业教育

省36个国定贫困县中位列深度贫困。为全力帮扶偏关县完成脱贫攻坚目标任务，中国建筑科学研究院有限公司作为偏关县的定点帮扶单位，全方位投入资源力量，全面践行精准扶贫、精准脱贫方略，在实践中逐渐摸索出了以技术帮扶为切入点、以发展产业为关键点、以增加就业为着力点的"三位一体"工作模式，并已取得明显成效。

主要做法

一、发挥资源优势，加大技术扶持力度

中国建研院作为建筑行业内最大的综合性研究开发机构，具有较强的综合技术资源优势，因此公司将技术帮扶作为从各个方面和角度开展扶贫工作的首要切入点。一方面，中国建研院委派挂职副县长协助当地开展各项扶贫工作的同时，还重点协助分管住建、国土资源、交通等与公司业务领域关联性比较强的工作，参与各项政策的制定和实施。挂职干部作为双

帮扶发展光伏产业

方间的桥梁纽带，根据偏关县实际需求积极协调公司委派相关领域专家为当地提供技术与政策方面的咨询服务，从多个层面积极协助易地搬迁、危房改造、乡村振兴等国家扶贫政策和建设项目的落地实施，为全县经济建设事业发展提供技术支撑，充当技术顾问。另一方面，中国建研院瞄准偏关县在城乡建设过程中面临的瓶颈问题，以技术志愿服务者的身份无偿承接项目，协助解决具体问题。中国建研院根据偏关县在规划设计、安全管理等方面力量相对薄弱的现状，采取了一系列具体的帮扶措施。偏关县委党校地处深沟河道边缘，近年来出现地基下沉，导致会议楼出现较大面积裂缝。中国建研院了解到这一情况后，立刻派出相关方面的专家赶赴现场开展检测鉴定服务，出具了相应的数据分析报告和解决方案。同时，中国建研院又相继派出技术团队开展了消防工程设计和加固改造可行性研究等后续技术服务。2018年，中国建研院又先后多次派出规划设计工程师团队赴偏关县为水泉村和万家寨村编制"美丽乡村"整治规划，提报的高质量高水准技术成果得到了全县的大力肯定。

在"授人以鱼"的同时，中国建研院更加注重"授人以渔"。为切实提高偏关县的规划设计业务能力，中国建研院委派规划设计专家进行现场授课培训，深入解读国家乡村振兴战略和政策法规，对城乡规划设计过程中的技术路线、技术方法结合具体案例做了深入浅出的讲解。在捐赠自主研发专业规划设计软件的基础上，中国建研院继续为软件功能扩展和使用技巧提供后期跟踪服务。中国建研院在"安全生产月"期间组织了住建系统建筑施工安全管理培训，使偏关县住建系统的安全生产意识进一步增强，对当地安全生产管理水平的提升起到了有力的促进作用。

通过开展全方位的技术帮扶，培养并提升了当地的工作技能与业务素质，很大程度上解决了偏关县脱贫攻坚过程中面临的建设技术力量相对薄弱的问题。开展技术帮扶的过程同时也是需要在当地深入调研与充分沟通的过程，对于双方关系的进一步融洽，当地政府百姓对扶贫干部与扶贫工作满意度的提升以及脱贫攻坚工作的全面深入开展起到了明显的推动效应。

二、围绕增收关键，增强产业"造血"功能

产业发展是实现扶贫工作由"输血"向"造血"功能转变的核心内容，中国建研院将扶持当地发展起适宜的产业和为百姓增收作为开展扶贫

组织举办技术交流

组织开展住建系统培训

工作的关键"牛鼻子"。在充分调研的基础上，中国建研院制定了《关于扶持天峰坪村发展分布式户用光伏项目的投资实施方案》，投入资金协助对口帮扶的天峰坪村实施了分布式户用光伏产业项目，成功带动贫困户实现增收，天峰坪村也于2017年底顺利实现脱贫。2018年，中国建研院对分布式户用光伏产业项目运行期间的维护与管理服务，针对电力设备和设施线路对贫困户发电收益造成的直接影响，公司积极协调有关部门采取有效措施加以解决。目前天峰坪村的分布式户用光伏项目运行良好，2018年顺利完成最终的综合验收，村集体与贫困户双双实现了预期收益。为进一步巩固天峰坪村的脱贫成效，中国建研院积极寻求百姓参与感更强、更可持续的其他适宜产业。经过调研，天峰坪村具有传统民间手工艺品制作方面的劳动技能资源优势。于是，在中国建研院派驻的第一书记的多方沟通协调下，公司2018年先期投入部分资金协助天峰坪村发展手工作坊产业，并与山西省工艺美术集团建立起合作关系，未来将在硬件配套、技术培训和销售渠道等方面进行更加系统的产业扶持，将为天峰坪村乃至全县的百姓带来更加实实在在的经济收益。

三、立足长远带动，协助提高就业能力

增加就业对脱贫攻坚工作具有较强的示范带动效应，中国建研院将扶持职业教育发展，培育实用型技能人才，从而增加就业与实现创收脱贫作为开展扶贫工作的重要抓手。通过与县政府、教科局等相关部门的深入沟通，了解到偏关县对发展职业教育尤其是设立和发展电子商务专业存在巨大的现实需求。基于此，中国建研院研究制定了《关于帮扶偏关县职业中学校建设电子商务专业实训室的实施方案》，与偏关县职业中学校共同拟定了电子商务专业近期发展规划，制定了电子商务专业实训室设计方案。2018年7月，中国建研院先期出资25万元协助县职业中学校配置专业教室与设备，为电子商务专业实训提供硬件支持。目前各项硬件配套已经齐备，电子商务专业已完成第一届招生，专业实训室也已投入使用并实现顺利运营。2018年10月，中国建研院再度向偏关县职业中学校捐赠30万元，为全县的各类扶贫就业培训提供资金支持。下一步，公司将在专业招生、人才培养、就业招聘等各个环节继续进行追踪服务，视招生规模、社

帮扶完成的技术成果

会需求和就业趋势等情况提供更加有效的支持。同时，公司也将与偏关县职业中学校共同寻求其他社会力量的支持，包括与知名高等院校和兄弟职业学校开展交流合作，为电子商务专业注入高质量、高水平师资，保障实训的实际效果；包括积极与偏关县和外部的企业开展深度合作与订单式培养，为学生毕业后的就业去向提供快捷通道和坚实保障。

中国建研院在为发展职业教育和扶贫就业培训提供大力支持的同时，还通过其他各种渠道为偏关县积极引荐新兴就业岗位。2018年，中国建研院先后引入大连国际海事技术服务有限公司和北京外企人力资源服务有限公司进驻偏关县进行就业宣讲和岗位招聘，为当地增加就业与创收增收提供了更多机会。

启　示

技术帮扶是供需结合、沟通融洽的过程；发展产业是对症下药、脱贫解困的过程；增加就业是有的放矢、立足长远的过程。三个过程互为因果、互相促进，形成一个相互作用的"三位一体"动态系统，共同将脱贫攻坚工作向纵深推动。

真金白银落地　真情实意帮扶

——中国铁路工程集团有限公司定点帮扶保德县纪实

背景导读

保德县是山西省首批扩权强县试点县，曾三度跻身县域经济基本竞争力提升速度最快的"全国百强县"。保德县历史悠久，有1000多年建县历

保德县地形地貌图

扶贫援建施工过程

史，先后涌现出五省总督陈奇瑜、全国造林英雄张侯拉、军旅歌唱家马玉涛、民歌活化石杨氏三兄妹等杰出人物。保德县还具有丰富的矿产资源，已探明煤炭资源总储量为127亿吨；煤层气储量达1000亿立方米；铝土矿总储量7600万吨；铁矿储量37.8亿吨；石灰石可开采量360亿吨；硫黄矿储量11.52亿吨；高岭土、油母页岩、长石、粗砂、红土等资源储量也较为丰富。同时，保德县具备较好的区位优越，位于晋陕蒙三省区交会之地，是陕煤入晋的重要通道，也是山西连接大西北的重要门户，属于省会太原"三小时经济圈"。厚重的文化底蕴也是保德县的一大特点，保德县是美丽的民歌之乡、铜贝之乡、红枣之乡、神秘的三趾马化石之乡，先后荣获"国家卫生县城""省级园林城市""省级平安县"等一系列荣誉。

保德县是国家扶贫开发工作重点县，地处吕梁山北段西坡，黄土高原东部边缘地带。全县总面积997.5平方公里，辖4镇9乡341个行政村（其中已销号整体搬迁村48个），总人口16.58万，其中农业人口13.62万。

2014年以来，通过建档立卡精准识别、"回头看"、核查整改及动态调整，全县共核定贫困村158个，贫困户12661户33595人，贫困发生率24.66%；2014—2018年脱贫12394户32967人，退出贫困村154个，现有贫困村4个，贫困人口267户628人，综合贫困发生率0.46%，县脱贫"摘帽"的14项指标均达到贫困县退出标准。

主要做法

一、出主意，想办法

中国铁路工程集团有限公司从2014年起作为中央驻晋帮扶单位定点帮扶保德县，几年来，一直在精准扶贫上下功夫，真金白银落地，真情实意帮扶。先后投入400万元援建养羊场、特色小杂粮加工场和展销中心，在农产品销售上探索出一种可操作、可复制的新模式；成立"中铁自强班"、援助贫困学生、推动促成中铁技师学院和保德职业中学的联合办学，在教育扶贫上找到一项可研究、可借鉴的新思路；打造"保德好司

扶贫援建施工现场

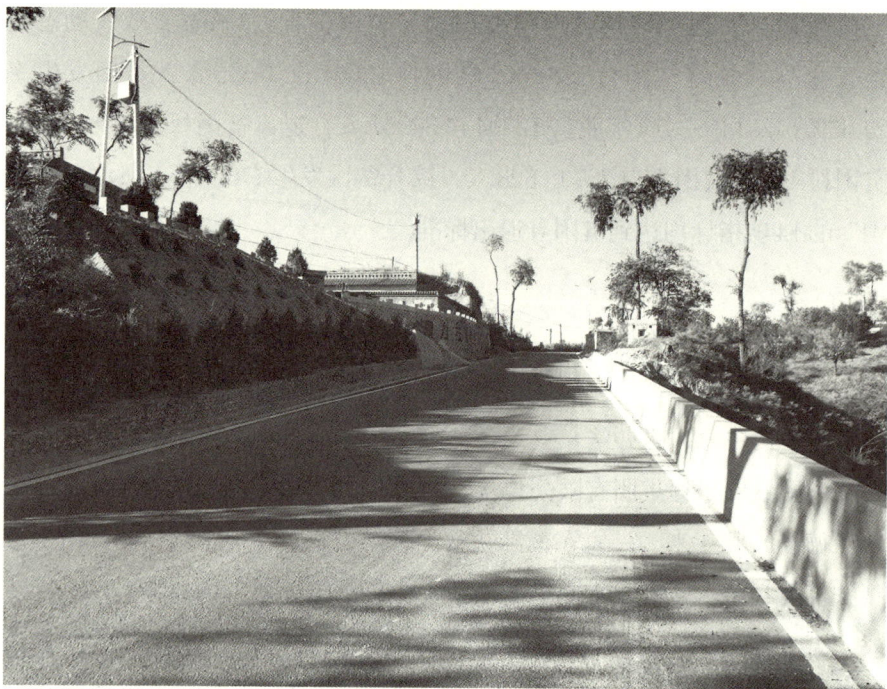

改造后的过村路段

机"劳务品牌，奖补建档立卡贫困户考取驾照，在贫困劳动力转移就业上走出一条可照搬、可推广的新路子；在央企扶贫履行社会责任上表现突出，树立了榜样。

二、要致富，先修路

随着脱贫攻坚战的持续推进和攻城拔寨冲锋号的响起，中国铁路工程集团有限公司越来越认识到：贫穷和交通不便往往是孪生姊妹，保德县虽然文化厚重、资源富集、区位优越，但是保德县属于吕梁山连片贫困区的国家级深度贫困县之一，东临吕梁山，西靠晋陕黄河大峡谷，千沟万壑，属于典型的沟壑区，是二人台"对坝坝的圪梁梁上……"语境的现实版。"十乡九没路，十村九不通"的旧谣是保德过去立地条件的真实写照，虽然现在有了翻天覆地的变化，但交通建设依然是脱贫攻坚这场硬仗中的硬仗，农村道路建设更是成为硬仗中的硬骨头。

中国铁路工程集团有限公司党委高度重视，要求定点帮扶工作组认真贯彻落实上级定点扶贫有关要求，在原来援助常规项目的基础上，进一步加大对定点扶贫工作的投入，创造性地开展定点扶贫工作，真情实意，真金白银，力求真正解决扶贫重点问题。经中铁挂职干部与保德县委、县政府沟通，决定无偿援建保德县孙家沟至扒楼沟公路改造项目，该公路起点为孙家沟乡孙家沟村，终点为南河沟乡扒楼沟村，路线全长19.8公里，总造价5000多万元。2017年12月，中国铁路工程集团有限公司和保德县政府在北京中铁总部签署了《对口援建项目实施框架协议》，启动扶贫援建孙家沟至扒楼沟公路改造项目的准备工作。2018年3月，中国铁路工程集团有限公司工会主席刘建嫒带领相关部门组成的工作组亲赴保德县开展项目援建调研工作。2018年5月，中国铁路工程集团有限公司干部部副部长裴清宁带队来到保德县，沟通协调，调研汇报，现场办公，进一步推进项目实施，一次性无偿援助5000万元，在中铁集团公司十多年的定点帮扶国定贫困县的工作中尚属首次。此项目已于7月份正式开工建设，10月份完成竣工通车。本项目的建成对当地的经济发展起到了积极的作用。

一是解决了有路难行的问题。中国铁路工程集团有限公司扶贫援建的孙家沟至扒楼沟19.8公里公路改造项目属于保德县桥依公路线改造的一部分，桥依线（保德县南部桥头镇到土崖塔乡依谢塔村）全长35公里，是2012年开工建设的水泥路，历经十

改造后的路面

169

多年的汽车碾压基本上已全部毁坏，年久失修，坑坑洼洼难以行走。保德县政府在2017年初计划改造此路，但由于资金落实不到位，一度搁置和降低了造价预算。后于2017年8月，政府贷款启动了依谢塔到扒楼沟段16公里的改造，孙家沟至扒楼沟段资金还是没有着落，此次中国铁路工程集团有限公司的扶贫援建，最终使剩余19.8公里段得以动工，打通了这条数万村民唯一的出行道路，解决了多年来人们有路难行的问题。

二是解决了农产品外运的问题。保德县南部是红枣、藜麦、小米、红葱等农产品的主产区。多年来，农产品外运的问题一直没有得到解决，公路项目改造后，农民就可以使用自家农用车把农产品简易快速地运送到县城和乡镇集中收购点，从而达到提高农民收入，改善农村产销链条，加快农产品流通体系建设的目的，对当地的经济发展起到积极的带动作用，帮助沿线群众脱贫致富。

三是完善了交通路网。此条公路建设，是保德县"村村通"公路改造

取直弯道的现有路面

的主要部分，打通了保德县南部的"村村通"交通路网，直接改善了沿线3个乡镇15个行政村13880人的出行条件（受益范围达到4个乡镇47个村25000人）。对保德县的精准扶贫具有十分重要的意义。

启　示

贫困农村的共性特点是生态环境脆弱、交通不便，村多、村小、村散，"道路基本没有，下乡基本靠走，种地基本靠背"。如何破解农村脱贫的这一困局，必须要先修路。

只有修通了路，回乡创业的人才能越来越多。20世纪八九十年代的农民工既是城市的建设者，又是农村的建设者，在城里打工挣钱，回乡盖房种田。新时代的农民工如今面对的是融不进的城市和回不去的农村，农村的凋零与日俱增，为了让农村有更多的炊烟升起，让鸡犬相闻的田园生活回归，让子女在外的空巢老人不感到孤独，必须要让农村的交通环境大力改善。

没有路，农业产业项目无法落地，社会资本无法进入农村，农民得不到更好的扶助。

没有路，天然农产品无法外运，农村资本无法走向社会，农民得不到稳定致富。

"要致富，先修路"是农村脱贫的永恒主题。

职教一人 就业一个 脱贫一家

——中国保利集团有限公司定点帮扶河曲县、五台县纪实

背景导读

河曲县是国家扶贫开发重点县，地处晋陕蒙三省区交界处，素有"鸡鸣三省"之称。总面积1317平方公里，辖4镇9乡314个行政村，总人口

保利集团援建的河湾村梦想书屋

第一期保利星火班开班仪式

14.47万，农业人口11.99万。沟壑纵横，生态脆弱，十年九旱，经济发展缓慢是客观立地条件，民谣"河曲保德州，十年九不收，男人走口外，女人挖野菜"是昔日贫苦生活的真实写照。2014年，全县贫困村163个，建档立卡贫困户9976户22204人，贫困发生率18.5%。到2018年底，共退出贫困村160个，退出贫困户10017户22121人。目前，全县尚有贫困人口236户498人，贫困发生率降至0.4%。

五台县是国家扶贫开发重点县，位于山西省东北部，总面积2865平方公里，居全省第三，总人口32万，属太行山—燕山连片特困地区，全县辖16乡镇1景区，510个行政村，建档立卡贫困村245个，贫困人口4.8555万，占全县总人口的15.46%。近年来，国家打响脱贫攻坚战役，各级各部门加强扶贫力度，在上级支持和县委、县政府的共同努力下，脱贫攻坚取得阶段性成果。

保利集团公司党委把教育脱贫、就业脱贫作为保障和改善民生的重要抓手，精准对接两县贫困家庭，实施"教育+就业"扶贫战略。从早期保利集团扶贫组成员多次深入到河曲、五台两县教育部门、培训学校沟通考察，党委书记、董事长徐念沙，党委副书记、总经理张振高等先后深入两县调研，多次组织会议专题研究解决方案，提出了从根本解决问题的、长效的精准扶贫计划，即"授其技、立其业、树其人"，创立保利星火计划。再到2018年7月与河曲县、五台县签订《"保利星火"教育就业扶贫

河湾村文化队员合影

战略合作框架协议》，保利集团扶贫组成员们心心念念的"保利星火"班终于在9月18日正式开班。创办"保利星火"班，饱含着保利集团对河曲、五台县的深厚感情，也是坚决落实党中央部署、承担央企社会责任的一项具体举措，这是以"教育+就业"模式，来实现"职教一人、就业一个、脱贫一家"。

主要做法

根据国家精准扶贫工作精神和保利集团统一部署，保利物业将以"就业+扶贫"为方向，结合保利集团对口帮扶贫困县——山西省河曲县、五台县的实际情况，由保利物业、委培中国轻工集团高级技工学校、贫困县县政府相关部门三方深度合作，展开就业扶贫工作。将就业与扶贫有机结合，在山西省河曲县、五台县精准对接建档立卡的贫困家庭，通过招聘贫困户适龄子女开展中短期技能培训、安排进入物业公司实习就业，最终实现"职教一人、就业一个、脱贫一家",达成扶贫工作目标。"保利星火"班,采取包食宿、包学费的方式,通过封闭式培训、企业实习、就业分配等全流程支持,为贫困家庭子女提供了技能培养及就业保障。

"保利星火"班教育培训从传统的安防、绿化、工程维护等多方面内容,又拓展延伸了健康服务、社区金融、旅游服务、教育服务、招商服务等7个板块31类项目,涵盖智能化监控、计算机管理、消防巡检、交通指挥、水质检测、调查与统计、公共资源经营等,通过对学员进行教育培训,让技能的星火在更多地方发光发亮。

2018年9月18日,保利集团第一届"保利星火"班在山西省太原市正式开班,首届试点班共有62名学员,由保利集团定点帮扶县河曲、五台两县的贫困家庭子女组成。通过集中培训并安排就业的方式,充分贯彻精准帮扶、精准培养、精准就业工作思路,精准"滴灌"贫困户,实现"职教一人、就业一个、脱贫一家",让保利精准扶贫工作创新启航。

在脱贫攻坚决胜战冲锋号吹响之际,保利集团启动的就业扶贫项目"保利星火"班,通过"教育+就业"模式,创新精准扶贫,彻底斩断贫困的代际传递,助力定点扶贫县打好打赢脱贫攻坚伟大战役。贫困户子女们接受"4+2"的中短期技能教育培训,在山西建

河湾村整村提升工程中建设的村内水泥路

河湾村整村提升工程中建设的文化墙

筑职业技术学院进行为期4个月的学习，2个月顶岗实习。期间，保利集团将提供全部培训及生活费用，共计110余万元，保障学员学习必备的专业知识与技能，考取相应的专业等级证书。结业后，由保利物业统一安排，第一次与学员签订为期3年的劳动合同。入职薪酬不低于2700元的基本工资+300元的绩效工资，在员工入职当月按当地政策缴纳五险一金，并享受公司相关福利政策（如住宿保障、高温补贴、过节费等福利）。学员职业发展通道路径与正式员工一致。

启 示

多年来，保利集团不忘保国利民初心、不辱使命，积极响应党中央脱贫攻坚号召，认真履行央企社会责任，牢牢扛起扶贫重任。目前，保利集团共承担山西省河曲县、五台县，内蒙古自治区喀喇沁旗、云南省鲁甸县、巧家县和广西壮族自治区忻城县，四省区六个县的定点扶贫任务，未来保利星火计划将在首届"保利星火"班试点成功的基础上，将其所倡导的精准扶贫新模式和成熟经验，以燎原之势在其他定点扶贫县全面推广，并力争成为全国定点扶贫工作的标杆模式。

脱贫攻坚非一朝一夕之功，保利集团也将继续在精准扶贫的道路上砥砺前行，继续大力践行社会公益责任，伴着脱贫攻坚的冲锋号，怀揣打赢脱贫攻坚决胜战役的必胜信心，对定点扶贫县积极开展各类帮扶行动、一帮到底。

保利星火计划通过"教育+就业"模式，将教育扶贫与就业帮扶有机结合，有效拓展贫困人口就业渠道和就业能力；同时，创新性地将"育人"放到"育才"之前，把树立远大志向、建立脱贫信心、培养正心正行作为"保利星火"班的核心目标，让贫困人口在立业脱贫的同时，成为一个志存高远、扎实肯干、爱岗顾家的正能量人才，带动更多人走上脱贫之路。

河湾村制订的村规民约

倾真情春风化雨暖民心
扶真贫殚精竭虑拔"穷根"

—— 中国民航信息集团有限公司定点帮扶神池县纪实

背景导读

神池县位于山西省的西北部，管涔山脉的西北麓。总面积1472平方公里，总人口10.92万，其中农业户籍人口7.9388万。可耕地面积91万亩，

中国航信集团公司神池饮水安全工程

农民人均耕地11.5亩。辖3镇7乡1个居民办。1986年，神池县被国务院扶贫开发领导小组办公室认定为贫困县，是全省36个国家扶贫工作重点县之一。2011年，神池县被纳入吕梁山集中连片特殊困难地区，是山西省21个集中连片

特困县之一。

通过精准识别，神池县共确定建档立卡贫困村139个，贫困户11896户28747人，贫困发生率为38.3%。致贫原因：一是决定性因素。自然地理条件不佳，资源贫乏，决定了当地发展的后进状态。地贫、干旱、冷凉、多灾害，导致农业物产少、产量低，财富积累不起来；资源有限，缺少对外换取财富的资本。二是限制性因素。交通、信息渠道不畅，束缚了后发地区追赶的步伐。由于资源少、区位偏，缺乏发展工业、服务业的有利条件，没有机会跟上东部发达地区致富的脚步。三是能动性因素陷入恶性循环。贫困局面限定了当地人力资源的数量和质量，反过来后者又加剧了脱贫致富的难度。全县人口偏少，教育水平不高且思想观念相对落后保守，导致神池县在信息化、城镇化、农业现代化方面都落后。

2014—2018年累计退出137个村，脱贫11778户28506人，尚未脱贫118户241人（含返贫3户8人）。

主要做法

从2013年开始，中国民航信息集团有限公司坚持把"改善民生、减贫致富"作为工作目标，紧密结合神池县实际，以"2415"帮扶神池县工作思路为指引，矢志不渝地与贫困作战，扎实推进定点扶贫工作。

一、引来幸福水，滴滴润民心

神池县多年来连续干旱少雨，吃水困难，保证饮水安全是广大群众的强烈愿望，也是各级政府和社会各界的重要任务。

2015年，中国航信集团针对神池县贫困村饮水难题，协调联系相关单位因地制宜制定可行性措施，根据山区、平原、丘陵、岗地等不同地貌，确定合理的安全饮水建设实施方案，在对有水源的贫困村采取水库提水，对山区和丘陵地区采取打井、新建高位水池等办法，紧密结合中央企业定点帮扶贫困革命老区"百县万村"活动，确定合理的安全饮水建设实施方案，推动实施中国航信饮水安全工程。当年中国航信投入资金173万元，在小黑庄、店儿上等8个贫困村实施饮水安全工程，并在条件成熟的3个村实施了引水入户工程，极大地方便了贫困村的人畜饮水。家住永祥山村的吕效忠拧开家里新安装的水龙头，看到清澈的自来水，高兴地说："我再也不用到山上挑水了，拧开水龙头就有水，吃水方便了而且还花钱少。"从

中国航信集团神池饮水安全工程蓄水池

义井明德小学热烈庆祝教师节暨表彰大会

2017年神池县义井联校优秀教师表彰大会

2015年开始，中国航信集团累计投入资金363万元，铺设自来水管道29051米，建蓄水池11座、供水点16处，彻底解决了15个贫困村7809人的饮水安全问题，为加快神池县精准扶贫进程和脱贫步伐，做出了不小的贡献。

二、栽下梧桐木，留住金凤凰

贫困地区落后的一个重要原因是教育投入长期偏低，基础教育落后，人口素质低，这成了当地可持续发展的一大绊脚石。

为了稳定乡村教师队伍，中国航信集团设立神池县教育奖励基金，从2015年开始出资奖励偏远乡村学校一线任课教师，稳定贫困村学校师资队伍，不断提升贫困村学校办学品质。2016年，中国航信集团又设立了神池县贫困大学生助学专项资金。以当年考入本科及大专的建档立卡贫困生为对象，为他们提供两年学费。截至2018年11月底，中国航信集团累计投入资金365万元，奖励优秀教师357名，资助贫困大学生399名。在尊师重教、扶困助学方面发挥了独特作用，一些优秀教师脱颖而出。

柴艳婷，一名神池县东关小学四年级的英语教师。连续三年被评为

举办山西贫困地区农特产品巡展

"优秀教师"，她感慨到，设立了教育奖励基金，对教师触动很大，一些任劳任怨、一心扑在一线的教师，干得更有劲了。航信教育奖励基金让更多奋战在教育前线的教师得到关注，看到前进的方向，增添了前进的动力。家住义井镇石洼村的孟某某，是中国航信贫困大学生资助的首批受助对象之一，当她接过中国航信贫困大学生5000元资助金的时候，激动得连声说感谢。"谢谢你们，谢谢中国航信贫困大学生助学专项基金圆了我的大学梦！"贫困大学生助学专项基金的持续实施使更多贫困学子迈进了大学的门槛。

在中国航信教育奖励基金的推动下和教育工作者的共同努力下，神池县教育成果日新月异，2017年义务教育均衡工作顺利通过国家级验收。

三、打开"一线天"，拓宽致富路

中国航信集团积极利用挂职干部的"特殊身份"和所处行业优势，从2015年开始就组织当地年轻人开展电商创业，并组织电商沙龙，鼓励电商创业人员交流学习，带动50多名年轻人开始电商创业，帮助神池县当地农产品网上销售。经过两年多发展，"佰农尚品""阿墩科技""山人乐购"等电商企业已在当地农村电商市场小有名气。

在2015年全国扶贫日期间，由中国航信集团挂职干部王宝龙发起，联合中央单位在晋4位挂职干部，策划推出了"五县长联合推荐吕梁山农产品活动"，利用淘宝公众平台宣传推荐贫困地区特色农副产品，同时联系多家中央和行业媒体进行广泛宣传报道，扩大影响范围，人民网、山西日报和山西电视台等媒体都对此次扶贫活动进行了深入报道，省政府领导专门安排时间接见了王宝龙等相关人员，对该活动给予高度的肯定和赞扬。

神池县的小伙侯剑锋，积极响应王宝龙县长号召，告别城市的繁华，放弃记者职业，回到家乡创办了山人养殖专业合作社，养起了七彩野山鸡。在王宝龙的帮助下，他的野鸡蛋市场火暴，订单络绎不绝。此后，他又创办了"山人乐购"电商品牌。

在2016年全国扶贫日期间，中国航信集团挂职干部王宝龙又联合12家中央驻晋帮扶单位的13位挂职干部，发起了"品味吕梁太行，县长携手代言"扶贫推介系列活动，通过线上众筹，使神池胡麻油被大家广泛认知、神池亚麻籽油逐渐被消费者了解和认可。截至2016年底，他们先后在中国民航信息集团、北京理工大学等7家中央单位举办了21场巡展，获得了中央单位干部职工的广泛认可，取得了良好的社会效应和扶贫成效。

几年来，由他们组织的扶贫推介系列活动得到了国务院扶贫办和山西省扶贫办的肯定和支持，王宝龙和另外13位挂职干部一起被山西日报评为

神池农特产品走进中国航信年货大集

"2016感动山西特别奖"。

<h1 style="text-align:center">启　示</h1>

中国航信集团在精准扶贫的具体实践中，认真贯彻落实党中央关于扶贫开发工作的一系列决策部署，切实践行习近平总书记扶贫开发战略思想，扶贫工作从点面到立体，因地而变通，因时而深入，截至2018年11月底累计投入资金970余万元，持续推进产业扶贫、智力扶贫、信息扶贫、全员扶贫等帮扶举措，取得了定点扶贫工作的明显成效。

精准是解决农民切身问题的最好方略。中国航信集团坚持走精准扶贫与改善民生并重的路子，按照"缺什么补什么"的原则，将扶贫重心下沉到村，找准贫困地区人民生产生活最迫切的需求，精准施策、精准发力。针对制约经济社会发展的薄弱环节和重要领域，打好资金筹集"组合拳"，让政策叠加效应得以充分释放，解决影响基层脱贫的"水瓶颈"。

务实是推动教育均衡发展的最好法宝。中国航信紧紧围绕教师、学生等要素进行教育帮扶。为神池县从根上脱贫，提供后续发展动力做出长足准备。乡村教师队伍不断充实，提升了贫困地区教育水平。设立优秀教师奖励基金，鼓励教师扎根乡村学校、服务乡村教育。通过奖励基金鼓励和引导广大教师充实乡村教师队伍，提高农村地区的教育教学水平。通过设立贫困大学生资助项目，将助学扶贫项目常态化、机制化，鼓励贫困学子读书成才。通过实施优秀教师奖励和贫困大学生资助"组合拳"式的教育扶贫举措，保证了教育扶贫政策的延续性、普惠性和实效性，实现了教育扶贫政策的效益最大化，有效阻隔了贫困现象代际传递。

协作是落实消费扶贫的有效路径。"吕梁山货"以跨区域联合发展、挂职干部代言推荐、中央单位全力支持等模式，有效整合了分散的县域资源，克服了贫困地区产业规模小、市场竞争力弱等难题，同时通过互联网的力量，动员了电商企业、媒体及公益机构等社会资源参与扶贫，为贫困地区发展电商扶贫、消费扶贫探索出一个新的模式。

把定点扶贫的论文写在吕梁大地上

——北京航空航天大学定点帮扶中阳县纪实

背景导读

北京航空航天大学，是工信部直属的国家重点大学。根据中央统一部署，2015年8月起北航定点扶贫吕梁市中阳县。三年多来，北航党委带着

中阳县委县政府向北京航空航天大学赠送匾额

位于移民安置社区的北航校友企业工作场景

对老区人民的深情厚谊，带着对"老区不脱贫，北航不脱钩"的郑重承诺，与中阳县通力协作，坚定信心、勇于担当，精心组织、精准作为，切实增强做好定点扶贫的责任感、决胜脱贫攻坚的使命感，把帮扶责任扛在肩上，把帮扶任务抓在手上，将北航空天报国的红色文化和吕梁革命老区的红色传承高度结合，将北航技术人才优势与中阳自然资源优势深度融合，探索出高校特点和扶贫规律相一致、高校优势和贫困实际相结合的定点扶贫"北航样本"，谱写出"情系老区助脱贫，真帮实扶惠万民"的新时代定点扶贫新篇章，在产业扶贫、科技扶贫、教育扶贫等方面取得显著成效，为中阳县实现脱贫"摘帽"做出了积极贡献，为全国高校定点扶贫提供了成熟方案。到2017年底，中阳县贫困村由37个减少至2个，建档立卡贫困户由7969户20918人减少至345户714人，贫困发生率由20.5%降到0.7%。2018年8月经山西省人民政府批准退出贫困县，成为全省首批脱贫"摘帽"的3个国定贫困县之一。

主要做法

一、"担当+行动"，真帮实扶助脱贫

北航党委立足北航空天报国传统和吕梁老区革命精神，确立了红色基因结对的扶贫基调，以饱满深厚的感情、扎实有效的举措、真抓实干的作风，扎实推进扶贫工作。

一是党委高度重视。2015年12月，北航党委常委会第一时间成立了扶贫工作领导小组，3名校领导牵头，17个部处参与，设立扶贫专项经费。三年来，北航党委书记三赴中阳，常委会、领导小组先后20次研究扶贫工作，选派2批4名优秀干部担任挂职副县长和驻村第一书记，制定了《北航——中阳定点扶贫工作规划》。

二是构建"大北航"扶贫格局。北航组织动员全校相关部门和广大师生，充分调动校友资源参加到扶贫工作中来。校地间每年人员往来超过500人次，达成了共建科技孵化器、大数据人才培养基地等6项合作协议。建立了"北航校友企业家中阳行"机制，先后组织100余位北航校友企业家前往中阳考察调研。

"三位一体"循环农业项目全景图

187

吕梁山护工驻北航服务站工作人员合影

三是坚持精准实干。11位校领导15人次带队赴中阳，市、县主要领导也8次赴北航对接，确定了产业、科技、教育、人才扶贫的路径，针对不同情况和群体采取精准有效的帮扶举措。三年来，北航的定点扶贫工作直接帮助870户2341名贫困户脱贫，占全县贫困户的11%，也直接带动了671户1974名非贫困户增加收入。

二、"产业+科技"，就业增收固根本

发展产业、带动就业是脱贫的根本之策。北航以产业扶贫为核心，以科技创新为关键，大力扶持劳动和技术密集产业，深入开展校企协同创新，使贫困户因就业而稳定脱贫。

一是扶贫企业进社区。在全县最大的易地移民安置社区引进6家校友企业，帮助贫困群众直接在家门口就业增收，做到了顾家和工作"两不误"。目前已招聘500余人从事电子产品加工和数字营销，其中贫困户121人，人均月收入2000元以上，解决了易地移民搬迁户搬得出、稳得住、能致富的难题，受到省、市、县各级领导的交口称赞。

二是创新成果进地头。针对中阳20万亩核桃硬壳碎皮难题，北航投入

30万元科研经费，研制出了两代核桃碎皮机。针对农村畜禽粪便处理的老大难问题，北航校友企业争取到1000万元资金，实施粪便处理、有机肥、泰椒种植"三位一体"循环农业项目，带动445户1100名贫困户种植辣椒700亩，每亩可增收3000元。去年以来，中阳县先后获批"省级众创空间"和"省级双创示范县"。

三是吕梁护工进京城。在北航设立吕梁山护工北航服务站，截至2018年11月，已累计输送310名妇女到北航及周边社区从事保姆、家政服务，其中贫困户110人，人均月收入4000元以上。悉心照顾两位老教师的中阳保姆王四珍，得到老人全家的高度肯定，子女送来"感恩吕梁人"的锦旗。吕梁护工已经在北航社区内有口皆碑。

四是中阳特产进校园。北航积极探索"超市+食堂+电商"的扶贫模式，在北航超市设置中阳特产专柜，引进村合作社加工的枣夹核桃，组织中阳特产爱心义卖。小米、土豆等农产品送进北航食堂。2018年7月，中阳县被商务部批准为"电子商务进农村全国示范县"。

三、"教育+人才"，智志双扶强动力

扶贫必扶智，"既要鼓口袋，更要富脑袋"。北航充分发挥"双一流"大学的资源和人才优势，努力在增强脱贫的内生动力上见真章。

中阳县党政管理干部赴北航培训班合影

阳坡村村级加工点工作场景

一是组织结对共建。北航实验学校与中阳县中小学开展"爱心双百"手拉手共建，每年100名中阳县师生进北航、100名实验学校师生进中阳县，《人民日报》做了典型经验报道。北航实验学校、幼儿园暑假对全县1000多名中学和幼儿教师进行了全员培训。

二是强化干部培训。校地合办中阳大讲堂，每两个月对全县科级以上干部、第一书记等开设专题讲座。2018—2019年，举办6期中阳干部北航培训班，累计培训全县干部410人次，实现全县科级以上干部北航脱产培训全覆盖，带动中阳干部群众主动转观念、换头脑，"我要脱贫"的内生动力显著增强。在北航培训的中阳干部感言，"扶贫扶志、治穷治愚、终身受益"。

三是推动支教实践。组建北航研究生支教团山西分团，每年选派3名学生赴中阳支教一年。组织大学生社会实践团山西分团，2018年组织了16支实践队300余名学生深入中阳开展社会实践和志愿服务活动。

四是引进专家智力。北航4位院士、4位教授受聘担任吕梁市转型发展专家顾问和大数据发展咨询委员会委员，为当地大数据产业发展和经济转型升级出谋划策。组织材料、动力、机械等学科专家到中阳县访问，支持吕梁职业技术学院创办"大数据学院"并在2018年9月迎来首批200名新生。支持北航校友在吕梁创办航电新能源公司，并获批中阳县首家高新技术企业。

四、"支部+实招"，种好阳坡"责任田"

中阳县阳坡村是北航的定点帮扶村，确保全村贫困户95户253人稳定脱贫是重中之重。北航聚焦精准用力，带着感情把扶贫"责任田"种成"示范田"。

一是强化党建引领作用。群众富不富，关键在支部。挂职干部驻村第一书记提出坚持"1342"，狠抓"党支部+"脱贫工作法。通过"党支部+校友企业+致富能手"，发动村民家中炕头加工电子线圈。通过"党支部+校友企业+党员骨干"，带动村民试种50亩泰椒并实现丰产。通过"党支部+本地企业+党员骨干"，带动村民利用废旧窑洞养殖黄粉虫，户均月收入2000元。通过"党支部+本地企业"，建成产能2万吨的村有机肥厂，保底集体经济收益6万元，实现了集体经济破零。

二是大力抓好幸福工程。针对村民因老因病致贫多发的现状，北航校医院赴村开展义诊活动、送医送药。筹资建成阳坡集中养老中心，全村20名70岁以上老人告别"两天一顿饭、一顿吃两天"的生活，在村支部"上灶""入托"。发动师生校友捐款20万元，带一个贫困户患唇腭裂儿童5次进京治病并为其奶奶治疗大病。

三是突出帮扶特殊群体。对于身患疾病或残疾，无法出去就业的特殊贫困群体，北航推动车间进家门，在炕头就业。联系校友企业在阳坡村成立电子产品加工点，带动51户114名特殊群体贫困户在家中加工电子线圈。身患癫痫的贫困户许某某每天可加工300个线圈，月收入约1000元。新建了雷家庄等3个加工点，有望再帮助贫困群众100人。吕梁电视台称这种方式为"扶贫车间搬进村，劳务协作助脱贫"。贫困户亲切地将电子线圈称为"北航坨坨"。

启　示

做好高校定点扶贫，加强党的全面领导是根本保证。北航定点扶贫中阳县，之所以在不到三年的时间里如期完成任务，推动脱贫"摘帽"，取得显著成效，关键在于加强了校党委领导，建强了村支部班子，选强了挂职干部，配强了第一书记，确保了定点扶贫工作的坚强领导。

做好高校定点扶贫，贯彻精准扶贫、精准脱贫基本方略是核心要义。北航围绕促进有效增收主打产业脱贫攻坚战，支持阳坡村建起有机肥生产、秦椒种植、黄粉虫养殖、电子产品加工等贫困人口能够收益的产业；围绕不落下一个贫困群众，主打重点脱贫攻坚战，加强点对点帮扶；围绕区域发展中如何减贫，主打补短板攻坚战，以科技人才驱动激活精准脱贫动力，对中阳县乃至吕梁市加大创新驱动支持力度。这种以致贫原因、贫困类型为据精准实施帮扶措施的做法，是对"扶持谁""怎么扶"基本问题的创新性回答和创造性实践。

做好高校定点扶贫，加大内生动力培育力度是决定因素。北航以"教育+帮扶"为抓手，将扶贫同扶志扶智一体推进、一体发力，培训农村妇女从事保姆、家政、护工服务的能力，培训贫困户掌握"北航坨坨"电子元器件加工的技术。实践证明，北航的做法，抓住了培育贫困群众基本技能、激发贫困群众内在活力、提高贫困群众自我发展能力的本质东西，实现了让贫困群众靠自身奋斗既"富口袋"又"富脑袋"的统一。

做好高校定点扶贫，凝聚各方力量积极参与是重要支撑。北航担当定点帮扶政治责任、坚持校党委"总揽全局、协调各方"的做法，创新定点帮扶组织机制、调动校内一切优势力量合力攻坚的做法，创建帮扶资源整合利用机制、动员国内外校友企业家积极参与扶贫事业的做法，创建校地战略合作机制、坚持依靠创新驱动实现精准脱贫的做法，是一条可借鉴、可推广、可复制的重要经验。

192

根植红色基因　全面打造"党建帮扶"新模式

——北京理工大学定点帮扶方山县纪实

背景导读

植根革命老区，饱含红色基因，是北京理工大学与山西省吕梁市方山县共同的历史渊源、精神内涵和文化特色。自2016年确定定点帮扶山西省方山县以来，北京理工大学始终强化党建引领，助力精准扶贫，将"红色——党建扶贫"作为学校"五色扶贫"工作体系最重要的版块（红色——党建扶贫，绿色——生态扶贫，蓝色——科教扶贫，橙色——产业扶贫，白色——廉政扶贫），开展了一系列扶贫举措，取得了显著成效。

北京理工大学自2016年起就成立了学校党政一把手任双组长，常务副校长任副组长的"精准扶贫领导小组"，整合资源、明确责任，将定点帮扶工作作为党委重点工作开展，依托领导小组确立了"三会一实"工作机制，即"常委会专题研究帮扶事项，小组会周密部署帮扶措施，专题例会定期听取帮扶反馈，党委领导实地督促检查"。2018年方山县进入脱贫"摘帽"的冲刺阶段，学校党委高度重视，再一次做出部署，要求北京理工大学定点帮扶工作"聚焦精准，整合资源，瞄准脱贫，放眼小康"，学

党委书记赵长禄赴方山县落实北理工全面帮扶的方山县电子商务公共服务中心与双创扶贫产业园工作实绩

校的定点帮扶也与时俱进地由"文化教育帮扶"升级为"以科教为龙头，以产业为载体，涵盖医疗、旅游、劳动力转移的全方位扶贫"，形成了"全员扶贫、全方位扶贫"的"大扶贫"格局。

在方山县脱贫"摘帽"冲刺阶段最为关键的"移民安置点产业补充""教育提升""健康扶贫"等方面进行深度攻坚，党委书记赵长禄、常务副校长梅宏等党政领导先后赴方山县，督促检查各项措施的落实情况。2018年北京理工大学包括党政一把手在内的8名校级领导赴方山县进行定点帮扶的整体督促检查，或就帮扶措施落实、地方政府主体责任、帮扶资金使用情况、帮扶项目建设推进情况、挂职干部工作作风等进行专项督导，确保了党委领导下的定点帮扶工作的成色与成效。

主要做法

通过不断实践，北京理工大学也摸索出多项"党建扶贫"的有效举措。

一、支部结对，精准帮扶

为切实发挥基层党支部服务扶贫攻坚的政治引领和战斗堡垒作用，不断增强党员参与精准扶贫工作的意识和能力，北京理工大学推进了支部结对帮扶的"2+1"工程，目前6个党支部与方山县党支部开展党支部结对共建，以支部结对、党员出力为突破口，以精准施策、解决实际问题为着力点展开帮扶工作。党委学生工作部（心理辅导中心）党支部与贺龙中学结对，将历史悠久的贺龙中学作为北京理工大学学生爱国主义教育实践点，每年向中学赠送2万元图书，对中学生开展心理辅导并搭建对外交流平台。机械与车辆学院机关党支部每年投入2万元建设桥沟村党员先锋林，学院党员每人认领一亩林，为桥沟村林畜结合综合果园建设投力量、包市场。资产与实验室管理处党支部与峪口镇党委结对，为乡镇免费提供电脑设备，同时各支部党小组每组结对帮扶1个贫困学生，每年捐资助学5000

中国工程院院士、北京理工大学校长张军赴方山县，实地检查北理工包联民营企业——庞泉重型机械制造有限公司的建设情况

党委副书记、副校长项昌乐赴方山县调研指导定点帮扶工作

元。机关党委同信息与电子学院共同出资建立日间照料中心，每月投入10000元，义务供养全村70岁以上老人、65岁以上孤寡以及残疾人，为高龄老人、残疾人提供生活便利，改善民风，增进邻里和谐。

二、党员带头，产业扶贫

在由北京理工大学全面帮扶下打造的方山电商产业方面，学校会同县委、县政府，明确要求电商产业各村成立第一书记挂帅，党员干部带头的"电商产业党小组"，要求各村都有电商带头人和明白人。在此基础上，目前投入300万元完成了93个村级电商网点的建设，电商致富培训2000余人次，全年电商扶贫实现交易额2800余万元，"双十一"电商销售150余万元，以电商为牵引的消费扶贫实现销售额150万元，惠及全县贫困户8000余人，实现平均增收3000元。

依托"党建+电商"的模式，方山县全力实施"电子商务进农村全国示范县"项目已经取得了令人瞩目的成绩，电子商务成为方山县脱贫攻坚的重要产业和下一步乡村振兴的全新动力。

三、党费支持，全面帮扶

北京理工大学落实中组部有关文件精神，利用补交党费支持贫困地区

196

农村集体经济发展。先后投入40余万元建设反季节蔬菜大棚11座（村集体占股70%，农户占股30%），建成种植果树、中药材和散养2000只优种蛋鸡的110亩综合性采摘果园，村集体全年收益达到近30万元。此外光电、自动化、人文与社会科学、管理与经济等学院利用补交党费在方山县捐建扶贫车间3个、健康小屋1个，为移民安置提供就地、就近就业的产业补充，引导方山城乡居民特别是贫困人口养成健康生活习惯，降低疾病风险，防止因病致贫、因病返贫。

四、强化组织，增强活力

在北京理工大学包联帮扶的桥沟村，驻村第一书记与村"两委"坚持问题导向，强化党的基层组织建设，充分发挥党员先锋模范作用。重点开展"两学一做"主题教育活动，重点加强党的十九大精神学习宣传贯彻，重点落实"三会一课"制度，团结带领村民群众共建美丽新桥沟。一是广泛开展支部共建活动，桥沟村党支部组织全体党员赴延安革命根据地学习实践，组织村"两委"干部赴北京理工大学参观学习，提升基层党员的党性意识和支部班子工作能力。二是加强党小组建设，按照产业发展团队和村民群体设立5个党小组，巩固党组织在全村各项工作中的核心地位。三是发挥党员带头作用，建立党员责任帮扶贫困户制度，全村28名党员划定

党委副书记包丽颖赴方山县督促检查脱贫攻坚主体责任落实情况，期间听取桥沟村第一书记刘伟光汇报扶贫工作

中纪委派驻工信部纪检组副组长李志宏、北理工纪委书记杨志宏赴方山县督促检查北理工定点帮扶工作

责任区，帮助每一户贫困户找寻合适的脱贫致富路。四是广泛搭建平台载体，建成综合性党建教育基地，组织开展"桥沟村支部干部义务劳动"活动，利用榜样的力量引导基层党员顾全大局、无私奉献，不断提升党建工作质量。在全体党员的共同努力下，桥沟村党支部的凝聚力和战斗力显著增强，自2016年包联帮扶以来，桥沟村连续三年被评为吕梁市"五个好"党支部并获得2017年方山县"脱贫攻坚先进集体"荣誉称号。

五、赠阅党报，指导实践

党报党刊是意识形态工作的主阵地，是反映人民大众呼声、建议和意见的重要信息平台。北京理工大学党委宣传部斥资9.8万余元，为方山县169个行政村每村增订2份全年的《人民日报》，引导村"两委"干部第一时间掌握党的最新理论、路线、方针、政策，把思想和行动统一到党中央决策部署上来，广泛借鉴学习中央及各地有益经验，在指导具体工作中抓好落实，推动各项工作高质快速发展。

六、干部培训，扬志立渔

开展干部培训是北京理工大学与方山县进一步深化定点帮扶工作的有

力举措，对拓宽县、乡两级领导干部思路和视野，提升工作素质和能力意义重大。2018年在方山县脱贫"摘帽"冲刺阶段，北京理工大学党委组织部、党校在吕梁市专门开设为期10天的"中层干部培训班（吕梁）"，让各级党委主要负责同志结合理论学习与实地调研，让习近平新时代扶贫思想、党中央脱贫攻坚战各项决策部署入脑入心，同时赴中阳县专题学习脱贫攻坚经验与北京航空航天大学定点帮扶的经验，为进一步做好帮扶工作奠定了理论与实践的基础。

此外，北京理工大学党委组织部通过"脱贫攻坚头雁计划"，对全县县级干部和乡镇党政一把手进行培训，帮助广大党员干部将所学理论知识与方山县实际情况结合起来，投身到脱贫攻坚对标提升百日行动的战场上。各级党员干部认真思考、认真谋划，牢牢把握住方山脱贫"摘帽"的历史机遇，与县委、县政府一道，捋起袖子加油干，扑下身子补短板，将学习成果付诸实践，向省委、市委和全县人民交出了一份份出色的方山答卷。下一步北京理工大学还将对全县基层干部进行轮训，通过培训提升干部素质、开拓干部视野，提升脱贫攻坚及全面小康建设的成效与成色。

中科院院士、常务副校长梅宏赴方山县考察北理工捐建服装加工扶贫车间生产情况

启　示

　　打赢脱贫攻坚战，是党中央对全国人民的庄严承诺，也是北京理工大学——这所从革命圣地延安走来，中国共产党创办的第一所理工科大学义不容辞的历史责任。党的十八大以来，北京理工大学认真贯彻以习近平同志为核心的党中央决策部署，把抓党建促脱贫攻坚作为贯彻落实"四个全面"战略布局的具体体现，也是高等院校落实"服务社会"责任的重要途径，全面加强党的建设，充分发挥基层党组织战斗堡垒作用和党员先锋模范作用，采取超常举措，以舍我其谁的担当，以精准"绣花"的功夫，强力推进脱贫攻坚，取得了党建工作和脱贫攻坚工作两加强、两促进的可喜局面，走出了一条饱含红色基因的北京理工大学特色帮扶之路，充分体现了党对一切工作的领导，是攻坚克难的制胜法宝，加强党的建设，是取得各项工作突破的关键举措。

副校长李和章赴方山县督促检查北理工帮扶政策落实情况，期间考察北理工捐建的桥沟村农光互补反季节蔬菜大棚的种植情况